KB210726

구야의 숲2
구야의 숲2
구야의 숲2
구야의 숲2
구야의 숲2
구야의 숲2
구야의 숲2
구야의 숲2
구야의 숲2
구야의 숲2
구야의 숲2
구야의 숲2
구야의 숲2
구야의 숲2
구야의 숲2
구야의 숲2
구야의 숲2
구야의 숲2
구야의 숲2
구야의 숲2
구야의 숲2
구야의 숲2

느헤미야 기독교 입문 시리즈 **2**

구약의 숲 2 역사서, 지혜서, 시가서 새롭게 읽기
Exploring the Historical, Wisdom, and Poetic Books of the Old Testament

---

지은이	권지성
초판발행	2024년 1월 20일
펴낸이	배용하
책임편집	배용하
등록	제364-2008-000013호
펴낸곳	도서출판 대장간
	www.daejanggan.org
등록한 곳	충청남도 논산시 가야곡면 매죽헌로1176번길 8-54
편집부	전화 (041) 742-1424
영업부	전화 (041) 742-1424 전송 0303-0959-1424
분류	성서신학 ǀ 구약 ǀ 시가서 ǀ 지혜서 ǀ 역사서
ISBN	978-89-7071-649-7 04230
SET	978-89-7071-322-9 04230(세트)

이 책은 저작권법에 의해 보호를 받는 출판물입니다.
기록된 형태의 허락 없이는 무단 전재와 복제를 금합니다.

 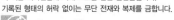 **값 14,000원**

느헤미야 기독교 입문 시리즈 **8**

구약의 숲 2

역사서, 지혜서, 시가서 새롭게 읽기

권 지 성

구약의 숲 2

역사서, 지혜서, 시가서 새롭게 읽기

감사의 말

본서는 기독연구원 느헤미야에서 3년간 3회에 걸쳐 구약이야기 II-역사서와 시가서(시와 지혜)-를 가르친 강의안을 엮은 것이다. 본서는 지금까지 한국에서 출간된 여러 역사서, 시가서 개론서들과 차별점을 가진다. 그것은 각 권의 저술 배경과 함께 여러 역사 비평적 요소가 담겨있다는 점이다. 역사서는 신명기 역사서(여호수아서에서 열왕기서까지) 사관의 관점에서 보려 했기에 역대기와 에스라-느헤미야와 구 분될 필요가 있었다. 또한, 지혜서 그리고 시편은 저술환경과 저술연대의 문맥에 대한 고찰이 녹아있다. 이와 같은 해석적 차이는 기존에 교회나 설교집에서 도출한 이해나 결론과 다소 상이하기에 일부 독자들에게는 색다른 느낌을 줄 것이다. 해석은 언제나 기존 성서언어에 대한 새로운 이해를 전제로 한다. 따라서, 독자들에게 당부하고 싶은 점은 자신이 읽던 선이해를 잠시 내려놓고 텍스트가 저술된 당시의 컨텍스트에서 최대한 텍스트가 들려주는 목소리에 집중하시기를 요청드리고 싶다.

본서가 출간될 수 있도록 도움을 주신 기독연구원 느헤미야의 교수님들과 사무처 직원들 그리고 학생분들에게 감사드린다. 함께 구약을 가르치며 늘 격려와 지원을 아끼지 않으신 김근주 교수님께 감사를 드린다. 또한, 함께 입문 과정을 가르치며 많은 관심과 사랑을 주시는 김동춘, 김형원, 권연경, 배덕만, 김성희 교수님에게 고마움을 표하고 싶다. 사무처의 고상환, 박소영, 이찬영, 손주환 팀장님은 여러 행정 업무를 통해 필자를 지원해 주셨다. 무엇보다 늘 신선한 시각과 질문들로 텍스트에 대한 호기심을 가지고 수업에 임해준 학생분들은 이 책이 존재하게 만든 저자나 마찬가지이다. 텍스트에 대한 수강생들의 관심은 언제나 하나님에 대한 뜨거운 사랑과 현대 교회에 대한 문제의식에서 나온 것들이었다. 하나님께 모든 영광을 돌려드린다.

2023. 10.

권지성

PART I 역사서

제1장 여호수아: 정복 이야기

1. 신명기 역사서

창세기에서 열왕기에 이르는 구약 역사서 목록은 여러 불규칙한 연결성이 관찰된다. 또한 이 역사서 내부에는 단일하지 않은 서로 다른 이데올로기들 사이의 충돌이 존재한다. 사실, 사경(Tetrateuch)이라 부르는 창세기에서 민수기까지 4권의 책의 신학은 신명기에서 열왕기서까지의 역사서의 흐름과 상당 부분 결이 다르다. 더욱이 이 두 역사서의 흐름은 역대기에서 에스라-느헤미야까지의 역사가의 관점과도 차별이 있다.

창세기 12장에서 민수기까지의 서사는 이렇다. 여호와가 고대 이스라엘의 시조들인 아브라함, 이삭, 야곱, 이스라엘의 12지파로 이어지는 한 가정을 선택한다. 그리고 그들과 중대한 약속을 맺으며, 그들에게 커다란 복을 주어 그들을 하나의 거대한 국가를 이루게 해 주겠다고 한다. 국가를 이루기 위해서는 자손들과 영토, 그리고 주권을 행사할 왕이 있어야 한다. 출애굽기의 시작은 무수한 자손들이 생겨났다는 기사로 시작하며 이는 아브라함에게 최초로 주어진 약속이 실현 되었음을 암시한다. 이후, 이스라엘 민족은 이방 땅 이집트 종살이에서 탈출해서 여호와가 준 자신들이 살게 될 땅을 차지하기 위해 먼 여행에 나선다. 그들의 여행은 순탄치 못했다. 광야 시절 동안 가데스 바네아에서 불순종 사건으로 40년간 유목민으로 살게 된다. 이후 때가 되어 마침내 모압 평지에 이르게 되는 것이 민수기 서사의 핵심이다. 이 사경 신학에는 "제사장"(Priest) 신학이 핵심을 차지하고 제사, 의식, 회막, 그리고 아론의 제사장들, 레위인들과 관련된 내용이 주를 이룬다.

반면 신명기, 여호수아, 사사기, 사무엘서, 열왕기서는 신명기 역사가 (Deuteronomistic Historian)라 불리우는 한 역사가가 쓴 책으로 받아들여져 왔고, 매우 독특한 역사적 관점을 반영한다고 주장되어져 왔다. 이러한 이론의 최초 주창자인 마틴 노트는 예루살렘 파괴 이후 포로기 중반에 한 역사가가 이를 저술했다고 주장한다.[1] 또한 미국의 학자들은 이 책이 남유다 요시아왕 시대를 전후하여 작성되었으나 포로기를 거치면서 대부분이 작성되었고 나머지 부분들은 포로후기의 상황에서 추가되고 수정되었다고 주장해 왔다.

신명기 역사서(Deuteronomistic History; DtrH)의 각 책은 땅의 정복, 왕정과 같은 모티브로 묶여져 있다. 이집트에서 종살이하던 히브리 여인의 아들이었으나 파라오 왕가의 아들이었던 모세는 이스라엘 민족의 영웅으로 여호와를 직접 대면하던 자였지만, 모세의 시대는 신명기를 끝으로 종결된다. 우선 신명기는 요단강 동편 모압평지에서 가나안 정복 이후 세대들을 향하여 두 번째 율법을 선언하면서 이스라엘 백성들의 재헌신을 촉구하고 하나님과의 언약을 갱신한다. 여호수아서는 팔레스타인 땅을 정복하는 전쟁 과정을 서술하면서 율법 준수를 승리의 핵심으로 제시한다. 사사기는 모세와 여호수아가 경고했었던, 이스라엘 백성들이 얼마나 처참하게 이방신에 대한 배교에 빠져 그 결과로 이방인들의 압제에 시달렸는지 서술한다. 사무엘서는 군주제의 등장과 왕정 제도의 문제점, 그리고 다윗 왕가의 부상을 묘사한다. 열왕기서는 북이스라엘과 남유다 왕들의 죄악이 어떻게 국가 시스템을 무너뜨렸는지를 서술하며, 그 마지

---

1) Martin Noth, *Überlieferungsgeschichtliche Studien*. Halle (Saale: M. Niemeyer, 1943); 노트의 이론을 가장 획기적으로 개발한 뢰머의 책을 참고하라. Thomas Römer, *The So-Called Deuteronomistic History: A Sociological, Historical and Literary Introduction* (London: T&T Clark, 2005).

막으로 성전 파괴를 말하면서 종결된다.

이러한 역사를 통해 신명기 역사가는 "기원전 587/586년 남유다와 예루살렘 성전 멸망이 왜 일어났는가?"라는 단 하나의 신학적 질문을 하면서 "모세가 가르쳤고 위임했던 언약을 깨뜨리고 시내산 율법을 준수하지 않았기 때문이다"라고 답한다. 즉, 신명기에서 열왕기서까지의 문서들은 현대적 의미에서 과학적인 역사 서술이 아니다. 그것들은 수집되고 재배열된, 하나의 서사성을 가진 작품이다. 그렇다면 다음과 같은 질문을 할 수 있다. "어떻게 하면 다시 그 땅을 회복하고 국가를 되찾을 수 있는가?" 이에 대한 해답 역시 바로 이 신명기 역사서에서 찾을 수 있다.

2. 여호수아서

육경의 결론으로써의 여호수아

여호수아서는 관점에 따라서는 육경(Hexateuch; 창세기-여호수아)의 결론이 되는 책으로 볼 수 있다. 여호수아서에는 3번의 중요한 연설이 등장한다. 여호수아 1:10-18에는 요단강 서편 정복에 대한 설명, 여호수아 12장은 내레이터에 의해 요단강 동편과 서편의 정복에 대한 설명, 여호수아 23장은 여호수아의 마지막 연설이다. 특히 여호수아 23장은 정복전쟁 전체를 요약하며, 이는 창세기에서 여호수아서까지인 육경의 최종적인 결론을 말하고 있다. "만일 너희가 너희의 하나님 여호와께서 너희에게 명령하신 언약을 범하고 … 속히 멸망하리라 하니라."(23:16) 이방 민족들을 확실히 내어 좇지 않으면 그 땅에서 멸망할 것이며, 모세의 언약을 범하고 배교를 한다면 또한 멸망할 것이다.(23:13, 16) 여호수아서는 후기 청동기 시대 고대 이스라엘 국가 설립의 배경을 제공한다. 언약을 맺고 하나님의 율법책에 이 모든 것들을 기록한다.(24:25-27) 여호수아 24장은 모세의 인도로 이집트로부터의 압제를 벗어난, 탈출 이후에(출애굽기) 마침내 정착 사건이 일어나기 직전의 이야기라는 좁은 범위의 의미와 함께 구속사의 시작인 아브라함의 부르심에 대한 최종 결말(창세기 12장)이라는 넓은 범위의 의미를 주는 부분이다. 그런 의미에서 여호수아 24장은 최종적인 육경의 결론으로 해석할 수 있다.

영토의 확보와 율법의 준수

여호수아서는 족장들과 모세에게 주어졌던 땅의 유산을 상속한다는 약속의 실현을 확증한다.(수 11:15, 21-23; 14:6-15; 21:43-45; 23:14) "땅"을 정복하는 이 이야기는 구속사의 거대한 진전을 시사한다. 여호수아서는 신명기에서 열왕기서로 가는 신명기 역사서[2]의 연결고리 역할을 한다. 이때 역사서의 기준은 그들이 맺은 언약에 따른 율법(토라)의 준수 여부에 달렸고, 이에 여호수아서에는 상당한 분량의 신명기에서 수록된 주요 표현들이 반복된다. 예를 들어 "마음을 강하게 하고 담대히 하고 흔들리지 않을 것"에 대해서 자주 언급하며(1:6, 9, 18; 23:6), 모세 율법에 대한 준수에 대해서도 지속적으로 강조한다.(1:7-8; 8:30-35; 11:15, 23; 22:5; 23:6; 24:6) "모세의 율법책"(8:31; 23:6)은 "하나님의 율법책"(24:26)으로 전환된다.

제 2의 모세, 여호수아

여호수아는 제 2의 모세처럼 제시되며 모세와 여호수아는 여러 공통점이 있다. 예를 들어, 여호와로부터 진격의 명령과 임재를 약속 받는 것(수 1:1-6), 모세 율법책을 준수하는 것(1:7-8), 신적 현현을 경험하며 거룩한 땅에 선 경험을 통해 미래에 올 사건을 준비하는 것(5:13-15), 여호와와 백성들 사이의 유일한 중보자가 되는 것(7:6-9), 제단을 쌓고 율법책을 낭독하는 것의 실현(8:30-35), 마지막 유언에 있는 배교 위험에 대한 경고와 언약의 갱신(24:1-28) 등이 있다. 이와 같은 묘사들은 출애굽기와 신명기가 그리는 모세와 그의 사역에서 동일하게 드러나는 사항들이다. 여호수아는 모세가 위임 받았던 신적 권위를 고스란히 가진 것처럼 드러나며(4:14), 모세가 완성하지 못했던 미지의 땅에 대한 정복 전쟁을 마무리하는 리더로 그려진다.

이미 점령한 영토, 아직 마치지 못한 과업

땅에 관한 약속의 성취라는 주제는 여호수아서의 가장 중요한 주제이다.(수 11:21-12:24) "여호수아가 여호와께서 모세에게 말씀하신 대로 그 온 땅을 점령하여 이스라엘 지파의 구분에 따라 기업으로 주매 그 땅에 전쟁이 그쳤더라"(11:23) 그런데 여호수아서는 상당히 모순된 진술을 한다. 그리고 이 모순은 매우 실제적이다. "여호와께서 그에게 이르시되 너는 나이가 많아 늙었고 얻을 땅이 매우 많이 남아 있도다"(13:1) 약속의 땅에 대한 정복은 여전히 완결되지 않았음을 암시하는 문구들이 지속적으로 관찰되고, 심지어 약속의 땅 정착 이후에도 이스라엘이 가나안 원주민들과 지속적으로 긴장 관계에 놓여 있으며, 이는 곧 이민족의 종교로

의 배교 가능성이 내재되어 있음을 함의한다.(13:1-7; 16:10; 17:13)

3. 문학적 구조[3]

전체 여호수아서 구조는 도입(1장)-정복(2-12장)-분배(13-22장)-평가(23-24장)으로 구성된다. 이 구분에서 정복전쟁에 대한 2-12장과 일부 13-22장은 가장 오래된 형태의 내용으로 보이나, 23장은 이후의 포로기의 시대를 반영했을 가능성이 크다. 역사에 대한 요약을 제공하는 24장은 포로후기 시대를 반영한다.

모세 죽음 이후, 여호수아는 본격적인 땅 정복을 향한 발걸음을 딛게된다. 신적인 명령에 대한 도입부(1:1-26; I)는 여호와의 명령으로 이후 정복 전쟁의 승리에 대한 힌트를 제공한다.

두 번째 파트 2:1-12:24(II)를 살펴보자. 특히 2-5장은 전쟁을 치르기 전에 중요 사건들을 다룬다.(II.1) (1) 정탐꾼의 여리고성의 라합 방문(2:1-24), (2) 도하시 요단강이 멈추는 기적(3-4장), (3) 길갈에서의 예식들(할례, 유월절; 만나 중단; 5:1-12), (4) 여호와의 군대 장군 현현(5:13-15)이 언급된다. 이 사건들은 모세가 출애굽기에서 민수기 사이에서 경험한 사건들을 변형한 것이다. 정복 전쟁의 주요 에피소드는 크게 세 가지로 압축할 수 있다.(II.2) 여리고 정복(6:1-27), 아이성 정복(7:1-8:29), 기브온과의 맹약(9:1-27)과 아모리인들과의 전쟁(10:1-27) 이 사건들의 중간에는 에발 산에서의 율법의 낭독이 언급된다.(II.2.3) 마지막으로 땅의 정복에 대한 여러 전쟁들과 최후로 정복 활동이 모두 끝났음을

---

3) 여호수아서의 구조는 다음을 참고하여 재구성하였다. Römer, *The So-Called Deuteronomistic History*; 토마스 뢰머(Thomas Römer), "여호수아기," 『구약성경 입문 1』, 김건태 역, 수가대 신학총서 03-1(화성시: 수원가톨릭대학교출판부, 2019), 470-89.

알리는 결론부가 적시된다.(10:28-12:24; II.3)

세 번째 파트(III; 13-22장)는 땅의 분배가 상세하게 서술되며, 이전과 다른 관점이 나열된다. 즉 정복이 완성된 것이 아니라, 아직도 정복되지 못한 채 남아있는 영토들에 대해 약술된다. 또한 도피성에 대한 규정(20:1-21:42), 약속의 궁극적 성취(21:43-45), 그리고 땅의 분배 이후 추가적인 상황들이 나온다.(22장)

네 번째 파트(IV; 23:1-24:28)는 여호수아의 연설을 통한 정복 전쟁에 대한 최종적인 평가와 당부의 말이 수록된다.

I. 도입: 정복 전쟁 시작(1:1-26)

　　I.1. 여호와의 명령(1:1-9)

　　I.2. 여호수아 연설과 백성들의 순종(1:10-26)

II. 약속의 땅 정복 전쟁 (2:1-12:24)

　　II.1. 준비(2:1-5:15)

　　　　II.1.1. 여리고 정탐과 라합(2:1-24)

　　　　II.1.2. 요단강 도하와 길갈에서 12개 돌들의 기념(3-4장)

　　　　II.1.3. 길갈에서의 예식(5:1-12)

　　　　II.1.4. 여호와의 군대 장관과의 조우(5:13-15)

　　II.2. 정복에 관한 세 가지 에피소드(6:1-10:27)

　　　　II.2.1. 여리고 정복(6:1-27) 언약궤

　　　　II.2.2. 아이성 정복(7:1-8:29) "거룩하게 하라"(7:13)

　　　　II.2.3. 에발 산 율법서(8:30-35; 토라; 8:31-32, 34)

　　　　II.2.4. 기브온(9:1-10:27)

　　　　　　II.2.4.1. 기브온의 속임수와 이스라엘의 맹세(9:1-27)

　　　　　　II.2.4.2. 아모리 족속 5왕들의 연합과의 전쟁(10:1-27)

4. 정복 전쟁 시작 (1:1-26)

여호수아서는 창세기에서 신명기까지 오경에 더하여 육경의 마지막으로 생각되기도 할 만큼 신명기의 마지막 장면인 모세의 죽음과 자연스레 연결된다. 여호수아서의 시작은 이스라엘 지도자로써 여호수아를 향한 여호와의 정복 전쟁의 명령(1:1-6)으로 시작하며 이것은 모세가 여호수아에게 했었던 명령과 동일하다.(참조. 신 31:7-8); "너는 강하고 담대하라 너는 이 백성을 거느리고 여호와께서 그들의 조상에게 주리라고 맹세하신 땅에 들어가서 … 여호와 그가 네 앞에서 가시며 너와 함께 하사 너를 떠나지 아니하시며 버리지 아니하시리니 너는 두려워하지 말라 놀라지 말라". 이 명령은 정복할 땅의 뚜렷한 경계선을 확정하면서 여호수아에게 주어지며(수1:4; 참조. 신 1:7), 그는 이 명령을 실현하기 위해서는 목숨을 걸고 모세의 율법을 지키고 연구해야 한다.(1:7-9) 여호수아는 즉각 백성의 관리들에게 이를 명령하고 실행케 하며, 특별히 요단 동편의 정복 전쟁에서 땅을 받은 르우벤, 갓, 므낫세 반 지파을 설득하기를 그들의 용사들은 그곳에 안주하지 않아야 하며 서편 전쟁에 모두 함께 동참할 것을 지시한다.(1:13-18)

5. 정복 전쟁 (2:1–12:24)

2–12장(II)까지는 요단강 동편 땅 정복에 관한 것이다. 특이한 점은 사건들이 발생하는 곳들은 아이, 길갈, 여리고이며 모두 베냐민 지파 영토이다.(첫 왕인 사울의 지파) 이후에 사사기와 사무엘서를 통틀어 베냐민 지파를 둘러싼 여러 이슈들이 대두된다.(예. 사사기에서 벤자민과 타지파들간의 전쟁; 사울왕의 소속 지파) 그리고 전쟁을 치르기 전에 이스라엘은 몇 가지 필수적인 테스트를 받게 된다.(II. 1; 2–5장) 파견된 정탐꾼들은 여리고 성의 기생 라합 집에 유숙하게 되며 라합은 아모리의 "두 왕 시혼과 옥에게 행한 일 곧 그들을 전멸시킨 일"에 대한 소문(2:10)을 들었다고 고백한다. 라합의 호의에 대해 정탐꾼들은 라합의 집에 붉은 줄을 달고 있다면 그 집에 거하는 자들은 누구든지 구원될 것이라 말한다.(2:18–19) 정탐꾼들의 보고는 가데스 바네아에서 불신앙에 가득찼던 이전 세대의 보고와는 확연히 달랐다.(2:24; 참조. 신 1:27–28)

요단강 도하 사건을 살펴보자. 레위 제사장들이 직접 나르는 거룩한 의식의 중심은 "여호와의 언약궤"이며, 이 때 백성들은 자신을 성결하게 하라는 명령을 받으며 제사장들이 요단강을 밟는 순간 물이 멈추고 그 곳을 무사히 건널 수 있게 되었다.(3장) 이 사건은 요단 서편 정복 전쟁에서의 최초 기적으로 이를 기억하기 위해 요단강에서 취한 열두 돌들을 그들의 거주지에 세우고 이는 다음 세대를 위한 교육적 기념물이 된다.(4:6–7, 22–23) 이 사건은 모세가 그러했던 것처럼, 이후 여호수아의 신적 지도력을 굳건히 하는 디딤돌이 된다.(3:7; 4:14, 24) 마지막으로 이스라엘은 할례를 전면적으로 시행하고 유월절을 지키며 여호와의 군대 장관 앞에서 스스로를 거룩하게 하는 의식을 행한다.(5:1–15) 여호수아 2–5장까지의 준비 과정은 철저히 예배 의식처럼 치러진다.

이어지는 6:1-10:27(II.2)까지는 정복에 대한 세 가지 에피소드가 등장한다. 첫째, 여리고 정복의 에피소드에서 여호와 언약궤는 다시 한 번 제사장들의 나팔을 부는 의식과 더불어 중요한 역할을 담당한다.(6:6, 7) 여리고성 멸망은 이후 이 성의 운명에 대한 예언으로 이어진다. 여리고성이 다시금 건축될 때에 일어날 저주에 대해서 언급되며(6:26), 먼 훗날 북이스라엘 아합왕의 때에 "히엘" 여리고성 재건은 엄청난 비극을 초래한다.(왕상 16:34) 이 여리고성 전투는 헤렘이 일어난 가장 대표적인(거의 유일한) 경우이다.(수 6:18-21, 24)

둘째, 소수의 사람만으로 정복이 가능할 것이라 생각했던 아이성 전투 패배는 공동체 내부 한 사람의 범죄로 인한 것임이 밝혀진다.(7:1-6) 유다 지파 소속이었던 아간은 여호와에게 드려져야 할 물건을 사사로이 훔쳤으며 이 행위는 한 사람의 죄악이 아니라 민족 전체 죄악으로 여겨질 뿐 아니라, "여호와의 언약"을 어긴 것으로 이는 여호와의 임재를 크게 방해한다.(7:1, 11-12, 15) 아간의 죽음으로 하나님의 진노가 그치고 다시 신명기적 명령이 이어지고(8:1-2), 결국 아이성 전쟁에서 큰 승리를 거두게 된다. 아이성에서의 헤렘은 여리고성에서와 달리 "가축과 노략한 것"은 이스라엘이 가진다.(8:26-28) 이에 헤렘이라는 신명기의 명령이 일관성을 가지는지에 대해서는 의문이 일어난다.

셋째, 기브온 사람들은 애굽과 시혼/옥에 대한 소문을 듣고(9:9-10) 두려워하여 이스라엘을 거짓말로 속여 화친을 맺는다.(9장) 이 사건으로 기브온 민족들은 여호와의 택하신 곳에서 나무를 패고 물을 긷는 종이 될 것이라는 예언을 듣게 된다.(9:21, 23, 27) 헤렘은 기브온 사람들의 경우에는 적용되지 않으며, 헤렘 대신 하나의 대안으로써 화친을 통한 평화의 관계가 세워진다. 여기서 이 장소에 대한 지정은 예루살렘의 성전을 함의하는 것으로 신명기 성소 중앙화에 대한 규범이 반영된다.(9:27): "그 날에 여호수아가 그들을 여호와께서 택하신 곳에서 회중을 위하며 여호와의 제단을 위하여 나무를 패며 물을 긷는 자들로 삼았더니". 곧이어 아모리 족속의 다섯 왕들은 기브온과 전쟁을 하기 위해 달려오고, 여호수아는 여호와의 도움으로 이 다섯 왕들의 성읍들을 진멸하고 승리를 가져온다.(10:8, 25) 특히, 이 전쟁에서 태양과 달이 멈추고 내려가지 않은 초자연적 기적이 발생한다.(10:12-14)

마지막으로 세 개의 에피소드 가운데 한 가지 독특한 기사가 삽입된다.(8:30-35) 여호수아가 전쟁에서의 승리와 기브온 사건 사이에 에발산에서 모세의 율법책에 기록된 대로 제단을 쌓고, 율법책을 돌에 새겨 넣고, 축복과 저주에 대한 율법의 말씀들을 낭독하는 것이다. 이는 신명기 27-28장에서의 에발산과 그리심의 제단, 축복과 저주에 대한 명령이 적시된 신(31:11)에서 율법 낭독에 관한 신명기적 명령에 대한 정확한 실행이다. 하지만 신명기와 달리 여호수아서는 언약궤를 강조하며, 여기서도 "여호와의 언약궤"를 레위 제사장들이 직접 율법서 의식의 중심에 위치시킨다.(8:33)

승리와 영토의 확장에 대한 요약 기록과 함께 전쟁은 마무리된다.(10:28-12:24)

"여호수아가 여호와께서 모세에게 말씀하신 대로 그 온 땅을 점령하여 이스라엘 지파의 구분에 따라 기업으로 주매 그 땅에 전쟁이 그쳤

더라"(11:23)

전체적으로 정복 전쟁에 대한 기사의 배치는 지리적 의미를 담고 있다. 가나안으로의 입성과 함께 동쪽에서 서쪽으로 진행되며, 중앙(6-8장)에서 시작하여서 남쪽으로(9-10장) 그리고 북쪽(11장; 하솔)에서 마무리된다. 이는 모세와 여호수아에 의해 정복된 요단강 동쪽과 서쪽의 모든 왕들과 영토에 대한 요약(12장)과 함께 종결된다.

여기서 다시 한번 신명기적 기사가 강조된다.(수11:15, 23)

여호와께서 그의 종 모세에게 명령하신 것을 모세는 여호수아에게 명령하였고 여호수아는 그대로 행하여 여호와께서 모세에게 명하신 모든 것을 하나도 행하지 아니한 것이 없었더라 (수11:15)

모세의 율법은 요단 동편의 이민족들에 대해서는 완전한 진멸(헤렘)을 명령하였다.(신 20:16-18) 여호수아서의 강조점은 여호와가 모세에게 명령한 것들을 여호수아가 온전히 성취하였다(참조. 8:31, 35)는 점이다.

6. 땅의 분배 (13-22장)

여호수아 13-22장의 시작은 "너는 나이가 많아 늙었고 얻을 땅이 매우 많이 남아 있도다"(13:1)는 이상한 진술로 시작한다. 여호와는 약속의 땅의 전체 경계를 말하면서 정복되지 않은 남은 땅들까지도 이스라엘이 기업으로 받을 것이라고 말한다.(13:6) 그렇다면 왜 이러한 모순된 진술이 존재할까? 땅은 다 정복된 것인가? 그렇지 않은 것인가? 이 모순된 진술은 사실 "포로기"(586년 이후)의 상황이 반영된 것으로 보이며, 기존 정복 역사에 대한 포로기적 재해석이 13-22장에 반영되었다고 보아야 한다. 즉 포로기(6세기)의 경우, 땅은 훼파 되었고 더 이상 성전도 왕궁도 국가도 없는 상황에서 다시금 국가를 회복해야 하는 정황이 이러한 서술들을 재해석하게 하였다.

전체적으로 요단강 동쪽의 땅의 분배(13:8-33), 남쪽/중앙 땅의 분배(14-17장), 북쪽과 주변 땅들의 분배(18-19장), 마지막으로 땅 분배에서 제외된 부분들인 도피성과 레위인에 대해 언급한다.(20-21장) 땅 분배의 기사에서 특이한 점은 유다 자손인 갈렙이 헤브론을 상속받는 장면이 땅 분배 기사와 함께 기록되었다는 점이다.(수 14:6-15) 갈렙 기사의 마지막은 이렇게 끝난다. "그 땅에 전쟁이 그쳤더라."(14:15c; 참조. 11:23b) 이 기사는 이미 신명기 1:36에서 언급되었던 갈렙의 믿음의 고백에 대한 약속 성취를 상기시켜 주기 위해서 다시 한번 더 강조되고 있다.(참조. 민 14:6-9, 24) 다시 말해 갈렙의 예를 땅 분배 리스트에서 재언급하는 것은 모든 땅이 온전히 모든 지파에게 다시금 분배될 것이라는 확신을 가지게 만든다.

수 20:1-21:42은 모세에게 명령했던 대로 땅 분배에서 제외된 가나안 땅 내부의 6개의 도피성과 레위인들에게 할당된 48개 성읍에 대한 규정이다. 땅 분배와 경계들의 결어로써 21:43-45에서는 땅을 차지하고 안식을 얻고 원수들을 정복하였으며 최종적으로 여호와의 모든 말씀들이 모든 실현되었음을 강조한다. 그렇다. "진실로 모든 말씀이 다 응하였다"고 역사가는 선언한다. 마지막으로 추가되는 부분은 르우벤, 갓, 므낫세 반지파가 자신의 소임을 다하고 동쪽으로 돌아가는 장면이 등장한다.(22:1-9) 그리고 이들이 요단 강가에 제단을 쌓은 일이 문제가 되는데, 제단을 쌓는 것은 우상 숭배가 아니라 후대 사람들에게 이 제단이 동편과 서편 사람들 사이의 증거가 되게 하기 위함이라고 해명한다.(22:27)

7. 최후의 연설 (23-24장)

23장(IV.1)은 여호수아의 최후 연설 장면이다. 모세가 신명기 31장(신 4:25-28)에서 모세 율법책 교육에 대해서 당부한 것처럼, 여호수아는 이 율법책의 준수와 이민족들의 신을 섬기지도 그들과 혼인하지 말 것을 명령하며, 이를 어길시에는 약속의 땅에서 완전히 멸절 될 것이라고 경고한다. 이러한 연설은 수 24장(IV.2)에서도 반복되며, 모세처럼 여호수아도 백성들이 다시금 언약을 체결할 것을 말한다.(참조. 신 29장)

8. 신학적 함의들

첫째, 여호수아서는 땅의 최종적 정복과 동시에 아직은 미완성된 과업들을 동시에 보여준다. 이 둘은 "포로기"(기원전 6세기) 의 기억된 역사 속에서 긴장 관계에 놓여 있다. 한편으로 여호수아서는 궁극적으로 족장들에게 주어졌던 땅에 대한 언약의 최종적인 성취를 서술한다. 족장들에게 줄 것이라 맹세했던 땅들을 모두 차지했고 원수들을 모두 정복했고 안식을 누림으로써 모든 선한 말씀이 다 응했다.(수 21:43-45; 11:15, 23) 갈렙이 헤브론을 상속했던 것처럼 모든 약속은 확실하게 성취되었다.(14:15) 다른 한편으로, 여호수아의 최후 연설은 여전히 그 땅에 타민족들이 남아있으며 완전히 섬멸하지 못했음을 말한다.(13:1-2; 15:64;

23:7) 따라서 땅 정복은 이중적 함의를 가진다. 그 땅은 한때 정복되었으나, 지금 현재 그들에게 온전히 정복된 것은 아니다.

둘째, 포로기의 정황으로 생각해 본다면, 그 땅은 현재 상실된 공간이다. 이제 여호수아서는 새로운 시대에 잃어버린 주권과 땅을 되찾기 위한 주요한 동기부여를 제공한다. 한 때 정복했었으나 이제는 바벨론에 의해 비참하게 파괴되어 버린 땅은 아직 정복되지 못했다. 다시 정복하기 위해서 무엇이 필요한가를 여호수아서 최종편집자는 정복 전쟁의 과정을 통해 알려준다. 과거 한때 정복의 과업이 끝나고 평화가 찾아 왔을지 그렇지 않을지 모르나,(수 19:49-051; 21:43-45) 현재 이스라엘이 거의 멸절에 이른 원인은 아름다운 땅에서 여호와를 버리고 율법을 경시하고 다른 신들을 섬겼기 때문이다.(23-24장) 반대로 이방신들을 버리고 율법에 귀기울이고 순종한다면, 번영과 평화를 지킬 수 있을 것이다.(24:23-25) 결국 여호수아서는 두 가지 선택지를 제공한다. 모세 율법에 대한 순종을 통해 그 땅을 다시금 차지할 것인가, 아니면 타협함으로써 여전히 정치적으로 억압된 상태로 계속 남아있을 것인가이다.

셋째, 여호수아서는 신명기와 사사기와 달리 "언약궤"의 중요성을 몇 군데에서 강조한다.(3:11, 14; 4:9; 6:6) 요단강을 건너는 장면 속 그 기적의 의식에서 언약궤는 중심이 된다.(3-4장) 여리고성의 함락에도 제사장들은 언약궤를 메고 그 성을 돌면서 여호와 임재의 구심점을 제공한다.(6장) 이후 땅의 분배에서 실로에서의 회막 건축은(18:1) 제사장적 관심사를 반영한다. 이는 출애굽기의 관심사와도 동일하며, 여호와가 정복된 땅을 준 이유는 결국 그가 거하실 처소인 회막의 건립과 중요한 관련을 가진다.

셋째, 헤렘(To put under the ban; to utterly destroy)의 명령을 어떻게 이해해야 할 것인가? 여호수아는 모세가 명령한, 완전한 진멸의 명령을 충실히 수행한다.(신 7:1-4, 24; 20:17) "그들이 그 신들에게 행하는 모든 가증한 일을 너희에게 가르쳐 본받게 하여 너희가 너희의 하나님 여호와께 범죄하게 할까"에서 진멸의 이유를 찾을 수 있다.(신 20:18) 즉 배교의 위험성을 차단하고 이방 신상을 섬김으로써 신적 진노 아래에서 결국 이스라엘이 멸망하지 않기 위함이다. 하지만 어떻게 사랑의 하나님이 이런 참혹한 일을 명령할 수 있단 말인가? 또한 이는 신약의 예수그리스도의 사랑의 메시지와 정면으로 충돌되지 않는가?

이에 대해서는 상당한 신학적 논쟁이 있고 그 중심에는 복음주의 학자들 간에 무오성이라는 오래된 논쟁이 도사리고 있다.[4] 1)문자 그대로의 헤렘에 대한 기사들을 그대로 받아들일 것인가? 2)헤렘을 문화적 함의를 담은 상징적인 명령으로써 보아야 할 것인가? 헤렘의 명령을 그대로 받아들이는 측면을 보면 이것은 영원한 명령이 아니라 임시적인 고대근동 문화 속에서 필요했던 명령으로 생각할 수 있을지 모른다. 혹은 인종 말살적인 명령을 구속사적인 프레임 속에서 바라볼 수 있을지도 모른다. 고대근동문학의 시각에서 고대부족 사회에서 그들의 신을 자신들의 전사로 받아들이는 화법을 생각한다면, 이 헤렘은 실제로 일어난 사건이 아니라 백성들의 신실함을 촉구하고 타협을 거부하는 여호와의 속성을 묘사하는 것일지 모른다. 사실 여호수아 6-10장에서 정복 전쟁에 관련된 세 개의 에피소드가 말해주는 바는 이스라엘이 팔레스타인 전체의 모든 성읍에

---

4) 여호수아서의 헤렘사건에 대한 복음주의자들 간의 다른 해석들에 대해서는 다음의 책을 참고하라. J. Merrick and R. Albert Mohler, *Five Views on Biblical Inerrancy*, *Counterpoints*. Bible & Theology (Grand Rapids, Mich: Zondervan, 2013).

서 헤렘을 실천했는지 그 헤렘이 역사적 진실인지를 말해주는 절대적 증거는 될 수는 없다. 실제로 여리고의 기사를 제외하고는 그 어디에도 실체적인 헤렘의 증거는 없으며 고고학적 발견은 여호수아서의 여리고 기사의 역사성을 지지해 주지도 않는다. 후기 청동기 시대의 여리고는 강력한 방어벽을 가지고 있지 않았다는 사실을 고고학적 발굴을 통해 알 수 있다. 따라서 이를 엄격하고 철저한 이방 문화에 대한 배척에 대한 문학적 표현으로 보아야 한다. 아마도 이는 포로기-포로후기의 배타적 시대상을 함의하는지 모른다.

물론, 그것이 무엇이든 가나안인들에 대한 심판과 그들의 문화에서 이스라엘을 보호해야 한다는 것은 분명하다. 여러 면에서 가나안인들에 대한 헤렘의 명령은 고대에서 중세와 근대에 이르기까지 타 종교에 대한 무고한 대량학살(Genocide)과 팔레스타인을 둘러싼 전쟁의 불씨가 되어 왔지만, 더 이상 이러한 제국주의적이고 비이성적인 적용은 사라져야 할 것이다.

넷째, 신약성경의 그리스도는 기생 라합의 자손으로(마 1:5) 묘사되며, 이는 비이스라엘 여인이 메시야의 가계에 포함되는 최초의 사례이다. 가나안 땅의 정복 전쟁과 리더인 여호수아를 신약의 그리스도의 승리를 통한 영원한 왕국으로 자신의 백성을 이끄는 것에 대한 상징적으로 이해할 수도 있을 것이다. 그러나 여호수아의 피비린내 나는 전투와 대조적으로 그리스도의 사역은 철저히 헤렘의 방식을 배제하며, 그러한 심판주의 이미지는 최후의 날에 행하여질 것이다.

제2장 사사기: 전환기의 혼돈

1. 사사기

사사기는 요단강 서편 정복 전쟁이 마무리된 직후, 왕정 시대로 가는 전환기에 관한 기록이다. 사사기는 중요한 질문을 던진다. 약속된 땅을 모두 다 점령한 이후에 이스라엘 부족집단에는 어떤 일이 일어났는가? 이스라엘이 이후 왕정 체제를 도입하게 된 원인은 무엇인가? 또한 중요한 관점 포인트는 첫 정착지에서 이스라엘인들은 모세에 의해 주어진 신명기적 언약과 율법을 실현할 수 있는가 하는 점이다. 과거 족장들에게 주어진 약속은 실현이 아닌 실천할 수 있는가가 핵심이다. 가나안 거주민들과 타협이 없이 여호와만을 예배하고 다른 우상들을 타파하면서 모세 율법의 준수는 중요하다. 그러나 그 결과는 참혹하다.

출애굽 속에서 이스라엘은 자신들이 선택된 민족임을 확인했고, 40여 년의 기간이 흘러 수많은 희생을 통해 마침내 가나안의 땅을 소유했다. 이제 한 "국가"로써 기틀을 위해 남은 수순은 "왕"을 가지는 것이며 마지막 사사인 사무엘의 시대에 성취될 것이다. 사사들에 관한 서사들은 "왕"이 없는 시대의 난제를 제시한다. 역사가는 지속적으로 그 땅에 "왕"이 없었기 때문에 도덕적 문란과 종교적 배교가 발생함을 지적한다. 하지만 여기에는 역설이 숨어있다. 사사기의 저자는 왕이 필요하다고 반복해서 말하지만, 실은 그 반대이다. 왕의 유무는 중요하지 않다. 역사가는 전제 군주가 없다는 사실이 혼돈과 재앙의 근원적 원인이 아니고, 백성들의 불신앙이 지독한 부패와 파괴의 원인으로 생각한다.

사사들

"사사"는 히브리어로 쇼페팀(שפטים)이라 부르며, 법정의 "판관"을 함
의한다. 그러나 사사기에선 단순한 "판관"만을 의미하진 않는다. 오히려
드보라를 제외한 거의 대다수 사사들은 "군사적 지도자"이면서도 국가
적 "통치자"에 가깝다. 이 때 여호와는 백성들을 이방인들의 압제에 넘겨
주는 신이면서 동시에 사사들을 일으키고 그들에게 특별한 영을 부어주
어 구원을 베푸는 세계의 문제에 적극 개입하는 신이다. 나아가 일부 지역
에서 활동했던 사사들은 단순히 지역의 판관들 혹은 통치자가 아니라, 모
든 이스라엘의 운명을 결정짓는 궁극의 "구원자"로서의 역할을 한다.

사사기의 공식적 패턴과 신명기 역사가

사사기는 다른 신명기 역사서에 비해 매우 독특한 구성을 가진다. 어
떤 면에서 신명기 역사가의 패턴에서 벗어나는 구조를 선보이며, 명백한
신학적 이데올로기에 의한 "사이클"을 가진다. 여기에는 백성들의 불순
종/죄악, 여호와의 심판, 이방인들의 압제, 고통 중 기도, 여호와의 영에
의한 사사의 출현, 사사의 승리, 압제자들의 굴복, 평화의 도래, 사사의
죽음과 같은 사이클들이 계속 되풀이된다. 이 구도는 한 민족이 멸망하
는 근본 원인이 군사력에 있지 않음을 말한다. 그것은 여호와의 말씀에
대한 근원적인 불순종으로 인한 영적 타락임을 독자들에게 각인시킨다.
배교의 주 대상이었던 가나안 종교에서 바알과 아스다롯 숭배는 당시 농
경 문화와 밀접한 관련이 있었고 성공적인 농업 생산력을 위해서 가나안

종교의 수용이 필수적이었기 때문에 이스라엘이 약속의 땅에서 직면한 큰 유혹이었다.

사사기의 연대들

사사들이 활동한 기본 년도를 모두 합산하면 대략 410년 정도의 기간이 나온다. 하지만 여호수아의 죽음에서 사울왕의 대관식까지는 307-317년으로 서술되기 때문에 둘 사이의 기간과 정확히 일치하지 않는다.(수 24:33; 삿 2:8) 따라서 사사들이 활동한 기간들이 서로 오버랩된다고 보아야 한다.

[사사들의 통치][5]

	사사 이름	통치 기간	지파	특징	압제자/왕	압제 기간
대사사	옷니엘 (3:7-11)	40년	유다	전사	아람/구산 리사다임	8년
대사사	에훗 (3:12-30)	80년	베냐민	암살자	모압/에글론	18년
소사사	삼갈 (3:31)?		아낫의 아들	소 모는 막대기	팔레스타인	
대사사	드보라와 바락/야엘 (4:1-5:31)	40년	에브라임/납달리	여선지자 (판관); 여성들의 활약	가나안/야빈, 시스라	20년
대사사	기드온 (여룹바알) (6:1-8:35)	40년	므낫세	나약함 기드온의 에봇 (배교의 단초)	미디안/오렙, 스엡, 세바, 살문나	7년
	(9:1-57)		므낫세/세겜	아비멜렉의 탐욕과 형제 학살	세겜 왕국/아비멜렉	3년
소사사	돌라 (10:1-2)	23년	잇사갈			
소사사	야일 (10:3-5)	22년	길르앗	아들/어린나귀/성읍이 각각 30		

---

5) Jack M. Sasson, *Judges 1-12*: *A New Translation with Introduction and Commentary*, AB 6D (New Haven: Yale University Press, 2014), 11-12.

소사사	입다 (10:6-12:7)	6년	길르앗	용사; 기생의 아들; 기업이 없음; 인신제사	암몬	18년
소사사	입산 (12:8-10)	8년	아셀	아들/딸이 각각 30		
소사사	엘론 (12:11-12)	10년	스불론			
소사사	압돈 (12:13-15)	7년	에브라임	아들 40; 손자 30; 나귀 70		
	삼손 (13:1-16:31)	20년+	단	풍자적 인물; 나실인	블레셋	40년
	총 년도	299+				111년

2. 문학적 구조

전체 사사기는 도입부(I)-대사사(II)-소사사(III)-삼손(IV)-평가(V)의 구조를 띤다.

사사기의 전승은 크게 대판관 리스트와 소판관 리스트로 나뉠 수 있다. 대사사의 목록은 옷니엘, 에훗, 드보라/바락/야엘, 기드온이며, 소사사는 돌라, 야일, 입다, 입산, 엘론, 압돈이 있다. 대판관 목록 가운데에는 소판관 삼갈이 있다.(에훗 이후에 짧게(3:31 삽입되어 있는 것을 제외)) 입다 이야기는 소판관 목록의 가운데 위치한다. 대판관들의 목록에는 대체적으로 평화의 기간이 40년이지만,(4명의 대판관 중 에훗은 80년) 소판관은 상대적으로 짧은 기간이다. 대사사 리스트는 기본적으로 사사들의 소속 지파, 거주지, 활약상, 활동기간, 죽음, 매장지가 기록되며 소사사의 기록들은 간단한 언급만 하고 있다. 소판관 이야기들은 다분히 대판관의 패턴을 벗어나 짧은 애기들로 구성된다. 소판관 리스트는 마지막 삼손 이야기와 대판관 애기를 상호 연결시켜주는 역할을 한다.

사사기 마지막(17-21장; V)은 사사 시대에 대한 역사적 평가이면서 당시 시대상에 대한 추가적인 에피소드를 소개한다. 사사기 주제이기도 한, "왕"이 없었으며 사람들이 스스로 "소견에 옳은 대로 행동했다"는 반복된 진술(17:6; 18:1; 19:1; 21:25)은 각 에피소드에서 반복된다. 이는 아마도 포로기 시대의 무너진 국가에 대한 슬픔 그리고 먼 미래의 땅에 대한 완전한 탈환에 대한 기대감을 표출하는 것일지 모른다.

I. 두 개의 개요 (1:1-3:6)

   I.1. (개요1) 불완전한 정복: 실패한 헤렘의 명령 (1:1-2:5)

      I.1.1. 유다를 제외한 다른 지파들은 이방인들과 공존 (1:1-36)

      I.1.2. 여호와의 사자의 예언: "이방신들이 올무가 되다" (2:1-5)

   I.2. (개요 2) 불완전한 순종: 사사 시대의 서막 (2:6-3:6)

II. 대판관 (대사사) 목록 (3:7-9:57)

   II.1. 옷니엘 (3:7-11)

   II.2. 에훗 (3:12-30)

   II.3. 소판관: 삼갈 (3:31)

   II.4. 드보라와 바락 (4:1-5:31)

      II.4.1. 내러티브 (4:1-24)

      II.4.2. 노래 (5:1-31)

   II.5. 기드온과 아비멜렉 (6:1-9:57)

      II.5.1. 기드온 (6:1-8:35)

      II.5.2. 왕이 된 아비멜렉 (9:1-57)

III. 소판관 (소사사) 목록 (10:1-12:15)

   III.1. 소판관1: 돌라 (10:1-2)

   III.2. 소판관2: 야일 (10:3-5)

   III.3. 입다.(10:6-12:7)

3. 두 개의 개요 (1:1–3:6; I)

사사기는 요단강 서편 남쪽 영토의 매우 불안한 정치적 상황에서 출발한다.(삿1:1) 이 부분은 여호수아 13–19장의 서술을 떠올리게 한다. 정복전쟁의 위대한 리더였던 여호수아는 죽었으며, 남겨진 땅에 대한 완전한 정복이라는 과제는 아직도 미완의 상태이다. 사사기 시작은 두 번의 도입부로 이루어진다.

첫 번째 도입은 삿 1:1-2:5 이다. 삿 1:1-36은 여호수아의 전쟁이 끝난 이후, 사실 남쪽과 북쪽 지파들의 정복 전쟁이 완전한 진멸이라는 신명기의 명령을 실행하는 것에 실패했음을 보여준다. 보김에서 여호와의 사자는 이스라엘이 가나안인들과 언약을 맺었고, 그들의 제단을 헐라는 신적 명령을 어겼기에 가나안의 원주민들은 그들의 가시와 올무가 될 것이라고 예언한다.(2:1-5)

두 번째 도입(삿 2:6-3:6)은 전형적 신명기 역사가의 문체가 드러난다. 여기서는 정복 이후, 각기 자신의 땅으로 돌아간 일들과 여호수아의 죽음, 정복 이후 세대들이 여호와와 그가 행하신 과거의 기적적 행사를 모른다는 진언을 전한다.(2:6-10) 이것은 그들이 기억해야 함을 함의한다. 역사가는 사사 시대에 일어난 일들의 패턴을 진술한다.(2:11-19)

- (배교) 여호와의 목전에서 악을 행하며 배교하는 이스라엘
- (재앙) 여호와의 진노로 인하여 이방인들의 침략을 당함 (목적: 신적 시험)
- (기도) 백성들의 부르짖음
- (구원) 사사들을 통한 구원과 평화 (사사들의 생애 동안)
- (죽음) 사사들의 죽음
- (배교) 이스라엘이 다시 타락하게 되고, 그 타락의 정도가 이전보다 더 심각해짐

4. 대판관들의 목록 (3:7-9:57; II)

첫 사사인 옷니엘 서사는 전형적인 사사의 등장과 퇴장의 패턴을 보여준다.(3:7-11; 참조. 1:11-13) 이스라엘은 배교를 하고 신적 진노로 메소보다미아 왕 구산 리사다임의 손에 8년간 압제를 당하나 백성들의 기도는 갈렙의 아우인 그나스의 아들 옷니엘의 등장을 맞이하게 한다.(3:7-9) 여호와의 영이 임하여 전투에 임하고 구산 리사다임을 격퇴시키고, 이후 그가 살아있는 40년간 그 땅에 평화가 있었다.(3:10-11) 그러나 또다시 악행이 반복되고 이스라엘은 모압왕 에글론을 18년 동안 섬기며 공물을 바친다.(3:12-14) 이스라엘의 기도로 베냐민 지파의 왼손잡이 에훗이 두 번째 사사로 등장하여(3:15) 에글론 왕을 암살하고, 이후 모압을 무찌르고 80년간 평화가 지속된다.(3:30)

세 번째 사사는 드보라와 바락이다. 드보라는 가나안 왕 야빈이[6] 20년간 통치할 시기에 등장한 여선지자로 사사가 되었으며, 그녀는 재판관으로 봉사한다.(삿 4:1-5) 드보라 이야기에선 드보라와 함께 바락이 야빈의 군대장관 시스라를 무찌르고, 이후 헤벨의 아내인 야엘이 시스라의 관자놀이에 말뚝을 박으면서 승리를 가져온다.(4:6-24) 역사가는 5:31에서 드보라와 바락의 노래에서 그 땅에 40년간 평화가 있었다고 기록한다. 드보라의 노래(5:1-31)는 드보라와 바락의 용감한 행위에 대한 칭송을 담은 시이다.

네 번째 사사는 기드온이다. 이 에피소드는 그의 아들 아비멜렉과 함께 제시된다.(6:1-9:57) 미디안의 노략에 7년을 고통받은 이스라엘은 여

---

6) 하솔은 야빈이 통치하던 도시인데 (삿 4:2), 이 도시와 왕은 여호수아의 정복 기사에서는 이미 말살되었던 곳으로 묘사된다. (수 11:10-15) 완전히 멸절된 이 도시가 어떻게 다시금 등장하는지에 대해서는 의문이다.

호와께 부르짖으며, 특이한 점은 한 선지자가 경고의 목소리를 들려주면서(6:1, 6-10), 마침내 기드온의 구원 사역이 펼쳐지면서 40년간 그 땅에 평화가 있었다.(8:28) 하지만 기드온 사역의 마지막은 다소 이상한 결말을 보여준다.

첫째, 이스라엘은 기드온과 그의 가계가 왕으로써 다스려 주기를 요청하나, 기드온은 "여호와께서 너희를 다스릴 것이다"라는 말로 이를 거부한다.(8:22-23) 이는 여룹바알이라 불리우는 기드온에 대한 대단히 긍정적인 인상을 심어준다. 그는 여호와가 원하는 바를 정확히 간파한다. 이 기드온의 고백은 왕정 제도에 대해 강한 불신을 제기하는 역사가의 기본적인 입장을 말한다. 둘째, 왕이 되는 대신 기드온은 탈취한 금귀고리를 걷어 이를 에봇(대제사장의 예복의 장식품)을 만들고 오브라 성읍에 두었지만, 이것을 "온 이스라엘"이 음란하게 다루게 되고, 이는 기드온의 가계에 올무가 된다.(8:27) 아이러니하게도 이 모습은 첫 번째 그의 신실한 믿음의 모습과 대치된다. 여룹바알("바알이 그와 더불어 다투다")이라 불리웠던 기드온(6:32)은 대중의 인기를 무기로 스스로를 종교 지도자로 만들고 국가적 매춘 행위를 주관하는 자가 되었다.7) 그의 죽음 이후, 이스라엘 사회는 바알 숭배라는 배교로 이어졌고 사람들은 더이상 여호와를 기억하지 않으며, 여룹바알(기드온)의 집을 후대하지도 않았다.(8:33-34)

이후 또 다른 확장된 이야기가 추가된다. 기드온의 아들 아비멜렉은 왕이 되고자 하는 욕망에 세겜 사람들을 유혹하여 그의 다른 형제 70명

---

7) Barry G Webb, *The Book of the Judges*: *An Integrated Reading* (Eugene, Oregon: Wipf & Stock Publishers, 2008), 153.

을 동시에 살육하려는 계획을 세운다.(9:1-6) 살육 이후, 유일한 생존자였던 요담(여룹바알의 막내 아들)은 아비멜렉에 대해 저주하고 이후 아비멜렉의 비극적 자살로 이 사건은 일단락된다.(9:52-57) 아비멜렉의 예화는 역사가의 왕정 제도에 대한 부정적 관점을 적실히 보여준다.

5. 소판관들의 목록 (10:1-12:15)

소사사 리스트에는 입다 이야기가 중간에 삽입된다.(10:6-12:7) 입다 이야기 시작에는 각종 이방신들을 섬기므로 이스라엘 백성들의 곤고가 심해졌다.(10:6-9) 전형적 사사기 패턴(10:7-16)이 등장하면서, 여호와는 백성들의 부르짖음에 대해 다음과 같이 응답한다. "너희가 택한 신들에게 부르짖어 너희의 환난 때에 그들이 너희를 구원하게 하라"(10:14) 이에 백성들은 이방 신들을 제거한 후 비로소 여호와의 구원은 시작된다. 상당한 논란 거리가 될 입다의 서원 사건은 딸을 제물로 바쳐야 하는 비극적 상황을 만들게 한다.(11:31, 34-40) 서원은 항상 개인적 소원의 성취를 위해 성공을 위한 선물을 신에게 약속하고, 소원 성취는 반드시 인간편에서 약속된 의무 이행이 따라야 한다. 입다가 전쟁에서 승리시 자신의 집 문에서 자신을 영접하는 자를 번제물로 바치겠다는 서약(11:31)은 인신 제사를 드리던 가나안 풍습을 좇은 것이었다. 이는 신명기가 금지한 것이었다.(신 18:10; 왕상 17:17; 왕하 21:6) 이러한 입다의 행위는 자기의 소견에 옳은 대로 하는 사사 시대를 정확히 반영한다.

6. 단의 삼손 (13:1-16:31)

삼손 내러티브 시작은 "블레셋"(팔레스타인들)의 압제하에 놓은 이스라엘 상황을 배경으로 하며 블레셋과 불편한 공생의 관계는 이후 사무엘 상 15장(사무엘 [삼상 1–12장], 사울 [삼상 13–14장])까지의 배경을 제공한다. 다시 말해 블레셋인들에 대한 언급은 마지막 사사인 사무엘 시대와 사울 왕의 배경을 제공하며, 언약궤 내러티브에서 블레셋과 전쟁(4장), 사울의 블레셋과의 전쟁(13장)에서 언급된다. 삼손 이야기는 사실 사사들 리스트와는 다른 독립된 서사이다. 그 이유는 사무엘상 12:9–11에서 여룹바알, 베단(바락), 입다, 사무엘까지 사사들의 이름이 언급되지만, 삼손의 이름은 누락되기 때문이다. 단 지파의 불임이었던 삼손의 어머니에게 여호와의 사자가 나타나게 되고 예언이 주어지면서 내러티브는 시작된다.

그 예언은 이렇다. "아들을 낳고," 나실인으로써 머리에 삭도를 대지 말며, 그가 이스라엘을 구원한다는 것이다.(삿 13:3–5) 그의 머리카락은 전체 내러티브의 중요한 모티브를 제공한다. 그것은 거룩함의 상징이면서도 능력의 근원이다. 머리카락을 절단하는 행위는 약속에 대한 배반으로 거룩함과 능력의 상실을 의미한다. 마침내 아들이 탄생하고 두번째 예언이 성취되는 과정은 사사기 14–16장에서 보여지며 삼손은 딤나와 가사로 내려가고(14:1; 16:1), 마지막으로 소렉 골짜기의 들릴라를 사랑한다. 다른 사사들의 서사와는 달리 헤라클레스급 천하무적의 힘을 가졌고 감정적이면서 게임을 좋아하지만, 심각할 정도로 어리석은 삼손의 캐릭터는 그를 우스꽝스럽게 만든다. 그는 사랑을 갈구하는 로맨티스트이지만, 즉흥적이고 쉽게 분노하나 이는 절묘하게도 이스라엘을 구원하는 도구로 작동한다.(14:19; 15:8, 18–20) 종국에 그는 나실인의 비밀을 지키지 못하고 출생의 비밀을 누설한다. 그후 그는 블레셋의 신인 다곤에 대한 제사 의식에서 비참하게 눈이 뽑히게 된다. 마침내 다곤 성전에서 홀로 남겨졌을 때 그의 구별된 나실인의 능력은 여호와의 구원 사역을 위해 다시금 회복되어 이방 성전을 파괴시킨다.(16:23-31) 삼손은 우스꽝스런 영웅의 개인적인 이야기로만 보아서는 안된다. 삼손은 포로기 이후에 남은 이스라엘과 같다. 그가 낸 수수께끼들은 실체를 감추고 있다. 붙잡힌 삼손이 고초를 당하고 여호와의 힘으로 다시금 이스라엘을 구원하는 것은 삼손을 바로 이스라엘인들 전체로 환원되게 만든다. 삼손은 세속적 사랑에 눈이 멀어서 이방인들에 의해 눈이 뽑힌 영웅으로, 이스라엘 공동체도 역시 이방신들에게 눈이 멀어 이제는 힘을 잃은 공동체이지만 어리석은 자신들의 모습을 반성하고 여호와에게 도움을 구해야 함을 의미한다.

7. 평가 (17:1-21:25)

마지막의 두 에피소드는 신명기적 역사가의 사사기 패턴을 벗어나는 추가적 에피소드들이다. 미가의 집 제사장으로 섬기는 레위인 에피소드는 당시 도덕적, 종교적 타락의 정도가 얼마나 심했는지를 보여준다. 특히 레위인은 거짓된 종교인의 모습으로 등장하며, 자신의 직분을 망각하고 "에봇과 드라빔"을 예배하는 한 가정의 제사장이 된다.(17:13) 도둑질과 우상숭배, 묻지마 살인(18:27-28)을 자행하는 등 이스라엘의 한 지파(단) 전체가 얼마나 도덕적으로 타락했는지를 증언한다.(17-18장; 특히 18:19-20, 27)

두 번째 사건의 주인공은 성적으로 타락한 레위인으로 베냐민의 기브아를 방문하던 도중 그의 부도덕한 행위로 인하여 첩이 죽음을 맞이하고, 그 시체를 12토막으로 나누어 모든 지파들에게 보내게 된다. 이 레위인의 행위 하나하나는 비상식적인 소시오패스에 비견할만하다. 이 뻔뻔한 레위인의 보고(20:4-7)로 인해서 베냐민 지파와 다른 지파들 사이에 살육의 전쟁이 발생한다.(19-20장)

베냐민 지파의 아내를 삼는 문제에 대응하는 다른 지파들의 대응은 참담했다.(21:1-25) 이스라엘은 야베스 길르앗의 주민들을 학살한 후, 베냐민지파는 젊은 여성 400명을 취하였으며 이후에 실로의 딸들을 무차별적으로 노략한다. 이 타락에 대한 역사가는 "이스라엘에 왕이 없으므로 사람이 각기 자기의 소견에 옳은 대로 행하였더라"고 평한다.(21:25)

8. 신학적 함의들

첫째, 사사기는 가장 어두운 영적, 도덕적 타락의 모습을 신랄하게 공개한다. 사실 신명기에서 열왕기까지 역사 진행에서 사사기는 다른 책들과 공통성이 크지는 않다. 모세와 여호수아와 같은 지도자, 사울과 다윗과 같은 왕들이 출현했던 시대와 달리 사사기는 리더의 부재를 묘사한다. 온 백성들은 반복적으로 배교를 행하고 전쟁은 영원히 끝나지 않는 암울한 상황이 반복된다. 옷니엘, 에훗, 드보라를 제외한 대다수의 사사들의 삶은 그리 도덕적으로 보이지 않으며, 사사기는 사사들의 도덕적 삶에 대해서 그렇게 큰 초점을 두지도 않는다. 기드온과 같은 영웅적 인물이 출현하기도 하지만 곧이어 배교를 이끄는 주동자가 되고 그의 아들 아비멜렉은 정치적 야망으로 형제들을 살육했으며, 입다는 가나안 관습을 좇아 승리를 위한 잘못된 서약을 함으로써 자신의 딸을 제물로 바치는 참극이 벌어졌다. 구별된 나실인이었던 삼손은 그의 소명을 망각한 채 정욕을 따라 충동적으로 행동하였고, 결국 여인의 유혹을 견디지 못하고 죽음을 맞이하였다. 미가의 제사장과 레위인 첩의 죽음 사건 그리고 이어진 민족 내부의 전쟁과 학살과 유괴 사건은 독자들을 충격에 빠뜨린다. 이러한 역사 기술의 잔인성과 고통스런 정황은 구약에서 찾기 힘들지만, 이는 정확히 포로기와 포로후기의 상황과 맞닿아 있다. 그러한 면에서 이 책은 아마도 사사기에서 열왕기에 이르는 역사서의 가장 마지막에 작성되었을지 모른다.8)

둘째, 이와 같은 혼돈의 상황은 이스라엘 국가 내부의 "왕"의 부재에 대한 지적으로 인간 구원자의 필요성을 제기하는 것일지 모른다. 그러나 궁극적인 메시지는 단순히 왕정의 필요성에 대한 것이 아니라 오히려 인간 제도가 만들어낸 왕정에 대한 근본적인 불신이다. 끊임없는 전쟁과 살육 그리고 도덕과 윤리 기준이 무너진 공동체의 내부에는 왕정 제도가 있었고, 신명기 역사가는 사사기와 이후의 왕정의 확립의 과정에서 왕의 권력이 얼마나 부패 했는지를 신랄하게 비판한다.(물론 다윗왕과 같은 긍정적인 모습도 말한다) 이러한 상황에서 역사가는 참 왕이신 여호와에 대한 배타적이고 절대적인 복종과 헌신을 요구한다. 따라서 "이스라엘에 왕이 없다"는 진술은 인간 왕이 아니라, 이스라엘의 참 왕이신 여호와 부재를 말한다. 그리고 사사기는 십계명 1, 2계명을 버림으로 인해 모세 언약을 배반하고 각자가 자기가 생각하는 옳은 일을 하는 것에 대해 평가한다. 사사 시대의 흐름은 이스라엘의 궁극적인 패망 이유가 이방 민족들에 비해 약한 군사력이었음을 말하려는 것이 아니라, 재앙의 원인은 결국 "왕"이신 여호와에 대한 배교와 언약을 깨뜨리는 악으로 인한 것임을 강조한

---

8) Jan C. Gertz, "The Partial Compositions," in *T&T Clark Handbook of the Old Testament: An Introduction to the Literature, Religion and History of the Old Testament* (London: T&T Clark, 2012), 364.

다.

셋째, 반복된 영적 타락의 핵심에는 가나안 종교가 있다. 사사기 배경에는 풍요와 다산의 상징과도 같았던 바알 신앙이 있었고, 유목 민족처럼 광야를 떠돌았던 이스라엘은 매해 수확과 풍요를 위해 당시 가나안 문화의 종교를 받아들여야 했다. 마치 자본주의와 과학 기술이 누군가에게 종교가 되듯이 바알과 아스다롯(바알의 아내)의 결합을 재현하는 주술적 의식들을 통해 자연과 날씨를 통제하는 신의 숭배는 지극히 현실적인 선택이었다.9) 가나안 땅의 매력적인 바알 종교는 이스라엘이 여호와 신앙을 버리거나 이와 타협하게 만드는 계기가 되었으나, 여호와 신앙은 이러한 혼합적인 태도를 용납하지 않았다.

다섯째, 사사기는 영적인 관점에서 죄에 대한 인간의 싸움이 얼마나 치열한가를 간접적으로 보여준다. 인간의 교만함과 음란함 그리고 권력에 대한 탐욕은 그 뿌리를 제거해도 계속 자라나는 독버섯과 같다. 성화는 내 안의 죄성과 싸우며 그리스도의 형상과 같이 거룩함을 추구하며 그를 닮아가는 것을 말한다. 이 성화의 핵심에는 끊임없이 평생에 걸쳐 진행되어야 할 육신, 죄, 세상과의 싸움이다.

---

9) 버나드 앤더슨, 『구약성서 탐구』, 김성천 역 (Seoul: CLC, 2017), 277-92.

제3강 사무엘서: 다윗 왕국을 위한 변명

9. 이스라엘 왕정 황금기

사무엘서는 정확히 사무엘에 관한 이야기가 아니라, 이스라엘 왕정 황금기인 다윗-솔로몬 시대의 시작 과정, 특히 사울-다윗 시대에 일어난 일을 기록한다. 신명기역사서의 큰 틀에서 사사기의 혼돈을 마무리하고 새 시대를 여는 배경을 제공한다. 최후의 사사이자 제사장이며 예언자인 사무엘은 다윗에게 기름을 부은 자이다. 이스라엘 첫 임금인 사울의 실패는 다윗이 등장해야 할 이유를 제공한다. 사무엘서의 거의 모든 초점은 다윗 왕국 창립에 집중하며 이에 대한 다채로운 서사를 제공한다. "왕이 없던 시대," 모든 이들이 "자기 소견에 옳은 대로 하던" 사사들의 시대를 거쳐 진정한 "왕" 다윗의 출현 그리고 다가올 시온의 왕위를 영원히 계승할 다윗 왕가를 이스라엘은 온 몸으로 맞이하고 있다.(삼하 7장) 오직 다윗만이 여호와의 선택을 받은 자이며(사울, 이스보셋, 압살롬이 아닌), 그는 이스라엘의 12지파로 구성된 통일 왕국을 다스릴 자격을 갖춘 영원한 왕국의 주인이다. 이후 모든 왕들, 특히 유다의 왕들은 가장 이상적인 왕인 다윗의 행위의 기준에 따라 평가 받게 될 것이다.

10. 신명기역사가의 눈으로 본 사무엘서

사무엘서는 두 명의 왕 사울과 다윗에 관한 이야기이지만, 역사가의 관점은 철저하게 다윗의 위대함, 그의 종교적 도덕적 성군으로써 관점에 집중하는 것처럼 보인다. 베냐민 지파 소속이었던 사울은 왕으로 세움을 받음과 동시에 블레셋과의 전쟁, 아말렉과의 전쟁에서 왕으로서 해선 안 될 행동을 하여서 하나님께 버림을 받는다.(삼상 13, 15장) 그의 실패는 여호와의 명령을 지키지 않은 것으로(삼하 15:22), 저자는 그의 행동이 "신명기적 사상"에 대치되는 것으로 표현한다. 쉽게 말해, 신명기는 아멜렉이 이스라엘에게 한 일을 기억하고, 이스라엘의 왕이 반드시 전투에서 아멜렉을 진멸해야 했는데(신 25:17-19) 사울은 이 명령을 어겼다는 것이다.(삼상 15:22-23; 참조. 신 7:1-2; 20:16-18) 신명기 역사가는 왕정 제도에 대해 부정적 입장을 보인다. 예를 들어, 신명기 17:14-20에선 재판관, 제사장과 레위인에 비해 왕의 권한을 극도로 제한하려는 움직임을 보인다. 왕의 과도한 군사력은 경계의 대상으로 많은 아내를 두어서도, 왕의 개인 재산을 불려서도 안 되며 오직 율법서의 등사본을 충실히 기록하고 읽고 여호와를 경외하며 율법을 지켜야 한다.(신 17:16-18) 따라서 역사가의 관점에 불순종한 사울은 왕정이 악한 왕이며, 그의 출신이 북쪽이라는 것은 미래에 이어지게 될 북이스라엘의 실패(여로보암)를 대표하는 왕으로 보이게 한다.

11. 비신명기 역사적 관점

사울과 대조되는 다윗은 기름부음 받은 자이나 철저히 사울의 가계를 존중하며 결코 사울과 그의 자손들(요나단, 미갈, 이스보셋, 므비보셋)에 대해 호의를 베풀며 끝까지 신의를 버리지 않는다. 그는 요나단과의 깊은 우정을 통해 왕국의 진정한 왕으로 인정을 받는다. 심지어 다윗은 사울왕에 의해 끊임없는 살해의 위협을 받았지만, 역설적이지만 사울왕에게 왕국의 왕으로 여러차례 인정도 받는다.(삼상 24:17-21; 26:25) 다윗은 블레셋의 가드왕의 휘하에서 유다를 공격하지 않았으며 오히려 유다(시글락)의 구원자로 등극하면서 유다의 왕이 될 발판을 마련하고,(삼상 30장) 이후 이스보셋의 죽음 이후에 무력으로 북쪽 지파들과 전쟁을 일으키기 보다 자연스럽게 통일 왕국의 왕이된다.(삼하 3:6-4:12)

사무엘하 7장은 다윗 언약의 초석을 놓지만, 성전을 건축하겠다는 그의 소망은 여호와에 의해서 거부된다. 그러나 여호와로부터 다윗의 영원한 왕국에 대한 약속과 함께 이후 그의 아들이 여호와의 집을 짓게 될 것이라는 약속을 얻는다. 다윗 왕국의 설립 배경에는 신적 선택이 있었고 다윗은 철저하게 율법을 준수한 합법적인 왕으로 그려진다.(왕상 2:1-4) 아마도 다윗 왕가에 대한 긍정적 태도와 다윗의 성품과 그를 향한 용서와 은혜의 서사들은 "왕정" 제도를 부정적으로 보는 "신명기 역사가"의 관점 유사하면서도 미묘한 차이점을 보인다.(왕정은 부정되지만, 다윗은 긍정한다) 더구나 사무엘하 11-12장에서의 다윗의 극악한 죄악의 장면은 그의 철저한 회개와 용서에도 불구하고 그에 대한 부정적 묘사가 주를 이룬다.(포로후기 스룹바벨의 귀환의 상황과 관계) 나단의 다윗 왕가에 대한 심판에 관한 예언의 요소(삼하 12:10-12)는 역사가의 관점 이외의 것으로 보인다. 뿐만 아니라 다윗 회개는 포로기 시기의 이스라엘 백성이 여호와와 깨어진 관계를 회복하는 하나의 희망으로 보이게 만든다.

또한 언약궤 이야기((Ark Narrative: AN) 사무엘상 4-6장)는 탈취당했던 법궤를 다시 찾는 포로기의 이야기처럼 보인다. 이스라엘은 언약궤를 가졌어도 전쟁에 패한다. 블레셋에게 언약궤를 빼앗긴 이후 블레셋 마술사들과 제사장들은 법궤를 능숙하게 다루며, 다곤 신상의 무기력함과 이어지는 재난의 상황과 우상들에 대한 비판은 포로기(이사야)의 우상숭배 비난과 유사하다.

12. 다윗 이야기의 패러디

다윗의 모습을 변호하려는 사무엘서의 시도는 다윗의 어두운 면을 내포하는 승계 내러티브(Succession Narrative:SN) (삼하 9-20; 왕상 1-2)에서 특히나 두드러진다. 사무엘하 8장 이전의 기사와는 반대로 다윗은 므비보셋을 경계하며,(삼하 9장) 전쟁에 직접 참여하지 않으면서 개인의 범죄에 연루되고,(10-12장) 암논의 다말에 대한 성폭력 사건을 제대로 다루지 않아 압살롬이 암논을 살해하며,(13장) 드고아 여인의 립서비스에 쉽게 현혹되며,(14:1-24) 결국 압살롬에 대한 정당한 치리없이 넘어간다.(14:25-33) 압살롬의 죽음은 다윗의 군대 장관이었던 요압에 의해서 발생하고,(18장) 귀환하는 다윗은 남북간의 갈등을 유발하고 결국 세바의 반역으로 전쟁을 맞이하게 한다.(19-20장) 열왕기상에서도 늙은 다윗은 아비삭의 도움 없이는 생활할 수 없을 정도로 노쇠하고, 다시 아도니야의 반란이 일어나려 하나 다윗은 이 사실조차 알지 못한다.(왕상 1장) 나단과 밧세바의 충고로 솔로몬은 마침내 왕위에 오른다. 이와 같은 다윗의 흑역사 기록의 목적은 포로후기 기간동안 다윗 왕조에 대한 기대를 품게 만드는 많은 이들의 소망을 비웃는 것처럼 보인다. 더 이상 왕조시대, 특히 다윗 왕조는 민족의 소망이 되지 못한다. 물론 사무엘서의 저자는 이와 같은 내용을 다윗을 향한 변명처럼 활용하고 있다.

13. 문학적 구조

준비

사무엘상 1-15장까지의 구성과 인물들은 다윗의 왕정 시대로 나가기 위한 하나의 준비이다. 실로에서 사무엘 탄생 이야기(삼상 1:1-4:1a)는 다윗 왕에게 기름을 붓게 될 사무엘의 배경 그리고 사사 시대의 악한 세대에 대한 배경을 제공한다. 언약궤 기사(삼상 4:1b-7:1)는 타락한 엘리 제사장 가문의 모습과 영광이 사라진 이스라엘 모습을 비추면서 이제 진짜 왕에 대한 목마름을 심화시킨다. 사울의 등극은 왕을 요구하는 인간의 탐욕을 고발한다.(삼상7:2-12:25) 마지막으로, 사울왕 등극이 시작되자마자 발생한 사울의 죄악들과 그의 도덕적 문제점들 그리고 여호와에 의해 버려진 이스라엘 첫 왕에 대한 묘사는 다윗왕의 등장을 기대하게 만든다.(삼상13:1-15:35)

두 왕들

"다윗왕위등극"(The Rise of the Ascension of David: RAD)(삼상 16-삼하 5 [8]) 기사와 "승계 내러티브"(Succession Narrative: SN) (삼하 9-20; 왕상 1-2까지))는 전체 구조를 이해하는 두 개의 블럭들이다. "다윗 왕위 등극"(RAD)은 다윗에 대한 입지전적 이야기들, 광야로 도피하는 이야기들, 그의 전쟁에서 승리 기록들로 채워진다. "승계 내러티브"는 다윗에 대한 부정적 내용으로 채워진다. 이러한 다윗에 대한 두 양극단의 평가에 대한 이해는 사무엘서를 바라보는 두 입장 차이를 보여준다. 또한 사무엘서 저자는 사울왕 기사(삼상 13-15장)와 다윗왕위등극(삼상

16-삼하 5)를 연결함으로써 사울왕의 실패 이후 진정한 왕은 어떠한 사람이어야 하는지를 보여주려 한다.

사울왕의 부상과 다윗왕의 부상 기록에 공통점이 있다. 먼저 삼상 13:1은 "사울이 왕이 될 때 사십 세라 그가 이스라엘을 다스린 지 이 년에"라는 기록으로 시작한다. 다윗의 부상 기사 마지막 부분에서 북이스라엘의 이스보셋과 남유다의 다윗에 대한 역사를 요약한다. "사울의 아들 이스보셋이 이스라엘 왕이 될 때에 나이가 사십 세이며 두 해 동안 왕위에 있으니라 유다 족속은 다윗을 따르니 다윗이 헤브론에서 유다 족속의 왕이 된 날 수는 칠 년 육 개월이더라."(삼하 2:10-11) 곧이어 삼하 5:4-5은 "다윗이 나이가 삼십 세에 왕위에 올라 사십 년 동안 다스렸으되 헤브론에서 칠 년 육개월 동안 유다를 다스렸고 예루살렘에서 삼십삼 년 동안 온 이스라엘과 유다를 다스렸더라"고 다윗의 역사를 요약한다.

사무엘하 6-8장의 다양한 에피소드들은 일반적으로 신명기역사서와는 다른 결의 내용을 담고 있다. 특히 언약궤의 헤브론으로 이송,(삼하 6장) 나단을 통한 다윗에게 주어진 새 언약 그리고 다윗 왕조의 영원성(7장)에 대한 진술이 그렇다. 이는 신명기역사가의 왕정 제도에 대한 부정적인 인식, 이스라엘의 미래에 대한 회의적 태도, 성전에 대한 무관심한 태도와는 상당히 다른 결을 보인다. 이 기사는 전체적으로 "왜 왕국의 시조가 여호와를 위한 집을 건설하지 않았는가?에 대한 하나의 답변처럼 느껴진다.

다음으로 이어지는 승계 내러티브(SN; 삼하 9-왕상 2장; 삼하 21-4장은 제외)는 "다윗왕위등극" 기사 뒤에 이어진다. 이 승계 내러티브는 다윗왕위등극과 비교하여 다윗 왕국의 가장 어두운 부분을 다룬다. 사울

왕가의 유일한 생존자인 므비보셋을 모니터링하면서 다윗은 암몬과의 전투를 치른다. 이때 그의 노년기의 모습은 매우 나태 해 보인다. 사무엘하 11장에서 다윗이 보여준 남성적 욕망에 따른 성폭력, 살인, 거짓말은 국가 전체를 위태롭게 한다. 한 임금의 범죄가 어떠한 정해진 파괴적인 결과를 낳는지 보여주며, 나단 예언자의 예언은 정확히 미래 사건들에서 의해 확증된다.(삼하12:10) 암논, 다말, 압살롬, 아도니야(왕상 1:5-10)로 이어지는 자녀들 간의 폭력, 살육, 암살, 압살롬의 반역과 세바의 반역 그리고 요압과 시므이의 그릇된 행동은 커다란 위협이 되었다.

사무엘하 21-24장은 편집비평적으로 후대의 추가된 부분이다. 이는 승계 과정에 대한 이야기와는 무관하며 다윗 시편과 예언,(22장; 23:1-7) 다윗의 용사들의 리스트, 그리고 신적 심판으로 인한 가뭄과 전염병이 난 국가적 재난의 상황을 다룬다.(24장)

I. 사사 시대의 종결: 사무엘와 사울 (삼상 1-12)

    I.1. 실로에서의 제사의식의 종결과 사무엘의 소명기사 (삼상 1:1-4:1a)

        I.1.1. 사무엘의 출생 (1:1-28)

        I.1.2. 한나의 기도 (2:1-11)

        I.1.3. 엘리의 두 아들들 (제사장들) 의 죄악 (2:12-17)

        I.1.4. 엘리 가정의 멸망에 대한 예언 (2:22-36)

        I.1.5. 사무엘의 부르심과 예언자로 세워짐 (2:18-21; 3:1-4:1a)

    I.2. 언약궤 기사 (Ark Narrative: AN) (참조. 삼하 6) (삼상 4:1b-7:1)

        I.2.1. 에벤에셀에서의 전쟁: 실로에서 옮겨진 언약궤; 홉니와 비느하스의 죽음 (4:1b-11)

        I.2.2. 엘리의 죽음과 이가봇의 탄생 (4:12-22)

14. 사무엘의 소명 (삼상 1:1-4:1a)

제사장 엘리—"역사서"에 따르면 아론의 넷째 아들 이다말의 후손으로 추정(아비아달은 이다말의 후손)—에서 "사무엘"로 넘어가는 국가 지도력의 이양은 불임이었던 한나의 기도에서 시작한다. 에브라임 지파 엘가나의 두 아내 중 한나에게만 자녀가 없었는데, 그녀는 실로로 올라와 자신의 걱정을 여호와의 집에서 토로한다.(1:1-8) 그녀의 기도는 마침내 응답되었고 그 아들의 이름은 사무엘("여호와께서 그를 구하였다")로 불리워지고, 그녀가 서원한 대로 사무엘을 여호와의 전에 드린다.(1:26-28) 한나의 기도의 축복과 저주(2:5-7; 참조. 삼하 22)는 "신명기 28장"의 축복의 목록과 비견된다.(신 28:4-43) 사무엘과 한나의 경건한 모습은 여러 측면에서 당시 실로의 제사장 가문인 엘리와 그의 두 악한 아들과 대조된다.(2:18-3:1) 계시가 중단된 노쇠한 엘리와 달리 여호와의 말씀은 어린 사무엘에게 계시되고, 심판이 예고된 기울어진 엘리 가정의 모습은 여호와의 축복을 얻는 사무엘과 극명한 대조를 만든다. "엘리의 눈이 점점 어두워 가서 잘 보지 못하는 그 때에 그가 자기 처소에 누웠고 하나님의 등불은 아직 꺼지지 아니하였으며 사무엘은 하나님의 궤 있는 여호와의 전 안에 누웠더니"(3:2-3) 엘리의 두 아들 홉니와 비느하스는 여호와의 제사를 멸시하였으며 제사장 권력을 이용하여 여성들에게 폭력을 행사하였지만, 엘리는 그의 아들들을 온전히 치리하는데 실패했기에 하나님은 엘리 가정의 멸망을 선언한다.(2:12-17, 22-36) 이 엘리 가계의 저주는 "하나님의 사람"에 의하며 엘리의 가계의 모든 남자들은 노인이 되기 전에 죽는다는 내용이다.(2:30-36) 제사장 집단에 들어간 사무엘은 특이하게도 이후 예언자와 같이 이스라엘에서 세움을 받게 된다.(3:19-4:1)

"온 이스라엘은 사무엘이 여호와의 선지자로 세우심을 입은 줄을 알았더라."(3:20)

15. 언약궤 기사 (삼상 4:1b–7:1)

여호와 "언약궤"는 강력한 신적 임재를 상징한다. 에벤에셀에서 블레셋과의 전투에서 패배한 이스라엘은 승리를 위해 여호와의 언약궤를 실로에서 전쟁터로 옮겨온다.(4:4) 이스라엘은 언약궤가 자동적으로 자신들에게 승리를 줄 것이라 확신한다.(4:3–5) 그러나 이스라엘은 대패하고 홉니와 비느하스는 사망하였으며 이스라엘 종교의 중심이었던 언약궤는 블레셋에게 빼앗긴다. 언약궤가 사라진 이스라엘은 포로기 기간 동안 무너진 성전의 모습을 반영하는지 모른다. 이 소식을 들은 엘리는 목이 부러져 사망한다.(사사가 된지 40년; 4:18) 언약궤는 블레셋의 여러 도시들 아스돗, 가드, 에그론으로 옮겨지지만, 곳곳마다 다곤 신상이 넘어지고 독한 종기가 발생하는 사건들이 일어난다.(5:1–12) 결국 언약궤는 이스라엘의 기럇여아림으로 옮겨진다.(6:1–7:1) 언약궤 이야기는 여호와의 임재를 잃어버린 이스라엘과 마치 여호와가 더 이상 이스라엘을 구원하지 않으실 것이라는 암시를 던져준다. 이와 동시에 블레셋에서의 재앙과 언약궤의 귀환은 다가올 미래에 대한 희망을 준다.

16. 사울의 부상; 최후의 사사 (삼상 7:2–12:25)

언약궤 내러티브 이후 사울의 부상에 관한 기사에서 최후의 사사 사무엘이 재등장하고 그는 사울을 최초의 이스라엘 왕으로 세운다.(7:2–12:25) 사무엘의 마지막 사역과 사울의 부상에 관한 이 기사는 신명기 역사가가 바라보는 왕정 제도에 대한 부정적인 관점이 드러난다. 여호수아 23장에 이은 신명기 역사가의 사관이 투영된 사무엘 연설에서 그는 말하기를 "이방 신들과 아스다롯" 없애고 여호와를 섬긴다면 그들의 하나님은 그들을 블레셋의 손에서 건져 내실 것이라고 말한다.(삼상 7:3-14) 온 이스라엘 공동체는 미스바에 모여 금식하고 죄를 회개한다. 그 곳에서 사무엘은 그들을 다스리고, 블레셋이 그들과 전쟁하러 올라오지만, 블레셋은 여호와의 우레 때문에 패배한다. 그리고 한 돌비석을 에벤에셀이라 칭한다. 사사기의 마무리 공식과 동일하게 "사무엘이 사는 날 동안에 블레셋 사람"을 막으셨고(7:13), "평화"가 있었으며,(14절) 그의 "사는 날 동안에 이스라엘을 다스렸다"는 기사로 마무리된다.(15절) 이는 사사기의 입다 이야기의 패턴과 유사하다.

사무엘의 입지전적인 활동에도 불구하고, 엘리 자녀들처럼 사무엘의 자녀들(요엘, 아비야, 브엘세바)도 지도자들(사사들)이 되나, 아버지와 달리 뇌물을 받고 판결을 왜곡시킨다.(8:5) 이것은 이스라엘이 왕을 요구하는 빌미를 제공하며, 백성들의 요구에 여호와는 표면적으로 왕정 제도를 허락한다.(8:22) 하지만 그 이면에 백성들의 왕정 요구는 다름아닌 여호와에 대한 불신앙이 원인이었음이 드러난다.(8:11-18) 즉 왕 추대의 본질은 그들의 왕이신 여호와를 버렸기 때문이다.(7절) 이는 여호와의 왕권을 부정하는 행위이다.(8:8) 사무엘은 미래의 왕이 어떻게 백성들을 억압하며 약탈하게 될 것인지에 대해 신랄하게 경고하지만,(10-18절) 백성들은 듣지 않는다. 사무엘은 백성들이 그들 왕의 가혹함으로 여호와에게 부르짖을지라도 여호와는 응답하지 않을 것이라 말한다.(18절) 백성들이 왕의 추대를 바라는 진짜 속마음은 다른 나라들과의 전쟁에 자신들을 대신

하여 왕이 앞장서서 싸워주어 자신들도 다른 나라와 같이 되기를 원하는 욕망이 자리하고 있다는 것이다.(19-20절)

이어지는 사울의 부상에 관한 기사는 왕에 대한 긍정과 부정의 진술이 차례로 나열된다. 각 진술들은 사울왕을 선택하는 과정에서 보여지는 것들이다.(9:1-10:16(긍정); 10:17-27(부정); 11:1-15(긍정); 12:1-25(부정)) 하지만 전체 내러티브에서는 사울의 왕이 되는 과정에 대한 내러티브가 사울에게 좋은 관점을 가지게 하지는 않는다.

우선 삼상 9:1-10:16은 사무엘이 왕을 찾으러 가는 이야기이다. 베냐민 지파 기스의 아들 사울은 아버지의 잃어버린 암나귀를 찾으러 가고, 사무엘은 여호와의 지시로 왕으로 세우게 될 사울을 기다리다 마침내 우연히 그를 만난다.(9:1-10:16) 예언자 처럼 행동하는 사울의 모습은 공식적으로 비공식적으로 묘사된다.(10:1-13) 또한 사무엘이 미스바에서 이스라엘을 모으고 제비뽑기를 통해 사울을 뽑을 때, 그를 묘사하는 큰 키의 외모(10:23-24)는 압살롬의 외모 묘사와 비견된다. 불량배들의 사울에 대한 부정적 평가가 추가된다.(10:27) 사울은 암몬과의 전쟁에서 자신을 입증하고,(11:1-11) 사무엘은 결국 사울에게 공식적으로 기름을 붓고 길갈에서 사울을 왕으로 세운다.(11:12-15) 여러 곳에서 왕정 제도에 대한 신명기 역사가의 긍정적인 시각(9:1-10:16; 10:17-27)과 대단히 부정적인 시각이 공존한다. 사무엘의 마지막 연설에서 왕을 구했던 행위는 악한 것이었다고 단정적으로 말한다.(12:19-25) 백성들과 백성들의 왕은 함께 여호와를 경외하고 섬기는 일을 하지 않으면 모두 멸망할 공동 운명체라고 말한다.(12:14-15, 24-25) 이 구성은 왕정에 대해 부정적이면서도 때로는 그렇지 않은 모호한 입장을 시사한다.

왕권에 대해 긍정적, 부정적인 기사는 왕국을 바라보는 두 개의 다른 시선을 보여준다. 왕은 여호와에 의해서 세워진 자(9:1-10:16; 11:1-15)이면서도, 동시에 왕정 제도는 인간의 탐욕이 낳은 결과로, 결국 그것은 여호와의 왕권에 도전하는 행위이다.(8:4-22; 10:17-27; 12:1-25) 신명기 역사가는 왕정 제도가 이스라엘 멸망의 단초가 되며 한 국가의 백성들이 겪는 재난과 고통의 원인이 된다고 생각한다. 물론 이는 왕정에 대한 열린 결말일 수 있으며, 역사가는 왕정의 부활을 기대하는 것이 아니라, 새로운 디아스포라 공동체의 시작을 기대한다.(왕하 25:27-30)

17. 사울의 범죄 그리고 다윗의 부상 (삼상 13:1-15:35)

이 본문은 베냐민 지파에 소속된 사울왕이 왜 실패했는지에 답한다. 블레셋과의 전쟁을 앞두고 길갈에서 사무엘을 기다리다 스스로가 제사장이 되어 직접 번제를 드리지만, 이로 인해 여호와는 사울의 자손이 아닌 다른 이에게 왕위를 물려줄 것이라 말한다.(13:3) 이어지는 블레셋과의 전투에서는 사울의 어리석음과 요나단의 용맹스러움이 크게 대조된다.(14:1-46) 아멜렉과의 전쟁을 치를 때, 사울은 그들을 완전히 진멸하라는 여호와의 명령을 거부하고 사울과 백성들은 좋은 것들을 취하면서 사무엘에게 거짓을 말한다. 사무엘은 여호와께서 악하게 여기는 것을 행했다며 그를 정죄한다.(15:19) 여호와의 말씀에 대한 순종이 제사보다 더 낫다는 사무엘의 표현은 신명기 역사가의 관점이 반영되었다.(15:22)

18. 다윗의 왕위 등극 (삼상 16:1- 삼하 5 [8]장)

사무엘상16장에서 사무엘하 5장까지는 "다윗왕위등극"(The Rise

of the Ascension of David: RAD) 기사이다. 삼하 6-8장까지는 다윗의 왕 위의 확립 이후의 추가적인 내용을 설명한다. 새롭게 기름을 부음받은 다윗은 사울과 모든 면에서 극단적인 대조를 보인다. 이를 통해 베냐민 지파가 속한 북이스라엘이 아닌 유다 지파의 다윗 왕조의 정당성을 확보한다.

왕궁에서의 다윗의 활약 (15:34-18:5)

사무엘은 여호와의 지시로 베들레헴 이새의 아들 다윗을 만나고 그에게 기름을 붓고 마침내 왕으로 세운다.(삼상 16:13) 이후 다윗에 관한 다윗왕위등극 기사들은 그가 어떻게 이스라엘의 왕이 되는지에 대한 내용으로 채워진다. 블레셋과의 전쟁에서 다윗은 한 명의 전사로써 "만군의 여호와의 이름"으로 전쟁에서 승리하면서 이름을 떨친다.(17장) 다윗의 등장은 사울의 질투심을 유발하지만, 그의 친구 요나단은 그를 선대한다. 요나단과 다윗은 여러 부분에서 밀접한 관계였으며, 요나단은 다윗을 향한 자신의 사랑과 충성심을 여러 번 피력하면서 진정한 왕은 사울 집안에 있지 않고, 바로 다윗만이 왕이 될 수 있음을 인정한다.(18:1-5; 19:1-7; 20:1-42; 23:15-18) 요나단은 이후, 십 광야 수풀에서 다윗에게 "너는 이스라엘 왕이 되고 나는 네 다음이 될 것을 내 아버지 사울도 안다"고 말한다.(23:17)

사울은 다윗의 인기가 자신보다 높다는 것과 여호와가 다윗과 함께하심(18:14)을 깨닫고 질투심이 극에 달하고 왕궁에서 그를 죽이려 한다.(18:6-16) 이후부터 사울은 자주 다윗을 살해하려 시도한다.(18:11) 다윗의 생애에 대해서 역사가는 이렇게 말한다. "다윗이 그의 모든 일을 지혜롭게 행하니라 여호와께서 그와 함께 계시니라 사울은 다윗이 크게 지혜롭게 행함을 보고 그를 두려워하였으나 온 이스라엘과 유다는 다윗을 사랑하였으니."(14-16a절)

또한 정치적 군사적으로 다윗을 올무에 씌여 블레셋의 손에 다윗을 죽이려는 계략 속에서 사울은 다윗을 자신의 딸 미갈의 남편으로 삼겠다고 말한다.(18:17-30) 그러나 오히려 다윗은 블레셋인들을 크게 죽이고, 그는 미갈을 아내로 맞이하는데 역사가는 "여호와께서 다윗과 함께 계심을 사울이 보고 알았고 사울의 딸 미갈도 그를 사랑하므로"(18:28)고 말한다. 마침내 다윗은 사울의 가정의 일원이 된다. 하지만 사울은 그를 적으로 생각하고 높아진 그의 인기에 두려워한다.(18:30) 여러 번 살해 시도에도 다윗은 대승을 거두고 악령에 들린 사울은 그를 죽이려 하고, 다윗은 라마와 나욧(19:18-19)으로 도피한다. 사무엘과 거하는 다윗을 잡기위해 온 전령들 그리고 사울은 예언을 하게 된다.(19:18-24) 사무엘상 20장은 다윗과 요나단의 우정의 진면목을 보여주며 요나단은 20:12-17에서 그를 왕으로 인정한다.

광야에서: 망명하는 다윗 (삼상 21-26장)

다윗의 생애는 도망자, 망명자의 신분이 된다. 그는 먼저 놉(베냐민 지파의 땅)의 제사장 아히멜렉을 찾아가 "거룩한 떡"을 먹는다.(21:1-6) 이후에는 블레셋 가드왕 아기스를 찾아가지만 그의 신하들의 적대감으로 인해 불안했던 다윗은 그 곳에서 살기 위해 미치광이 행세를 한다.(21:10-15)

다윗은 아둘람 굴로 도피하고 그 주위로 "환난 당한 모든 자와 빚진 모든 자와 마음이 원통한 자가" 모이게 된다.(22:2) 다윗은 그렇게 타인을 품어주는 사람으로 그려지며, 이후 그는 모압 미스베로 갔으나, 선지자 갓의 충고로 유다 땅으로 다시 돌아간다.(22:5) 이에 반해 사울은 주위의 사람을 도륙하는 성격으로 비춰진다. 그는 놉의 제사장이 다윗을 도운 사실을 알고 에돔사람 도엑을 시켜 놉의 제사장들을 죽이라 명령하고 도엑은 성읍의 남녀 아이들과 가축들을 살육한다.(22:18-19) 제사장 아히멜렉의 아들 아비아달은 이 소식을 전하며 다윗은 그 누구도 탓하지 않으며 자신을 탓한다.(22:20-22) 다윗은 아비아달의 안전을 책임지고 그를 품는다.(22:23)

다윗은 유다 헤브론 근방의 성읍(블레셋 경계; 예루살렘 남서쪽) 그일라의 약탈 소식을 듣고 블레셋의 손에서 이 성을 구원하며 여호와의 명령을 좇아 순종하며 행동한다.(23:1-5) 그는 이미 유다의 구원자로 비춰진다.(23:5) 이는 사울의 충동적이고 폭력적인 모습과 대비되며, 다윗은 갓 선지자(22:5)의 충고와 여호와의 지시에 순종(23:3)하는 모습을 보여 주지만, 사울은 살인의 충동 속에서 군사를 모으고 그일라로 행한다. 사울의 계략을 무사히 넘긴 다윗은 광야를 떠돌며 광기 어린 사울의 살해 충동을 이겨낸다.(23:6-14) 다윗은 사울의 추적을 피해 십 광야에 숨었다가 유다 광야 동쪽 끝까지 도망하여 엔게디 요새에 머무른다.(23:29)

다윗은 사울을 죽일 기회가 여러 번 있었으나 그가 여호와의 기름을 부음을 받은 자라는 이유로 이를 결코 실행하지 않는다. 다윗은 시종일관 북이스라엘의 베냐민 지파와 적대적 관계를 맺지 않는다. 그 첫 기회는 엔게디 광야 들염소 바위에서 그를 죽이지 않고, 그의 겉옷 자락을 베면서 그를 죽일 수 없다고 그의 수하들에게 말한다.(24:1-7) 이 만남에서 사울은 놀랍게도 다윗이 왕이 될 것이며, 그를 통해 이스라엘이 견고히 설 것이고 자신의 후손을 멸하지 말 것을 다윗에게 부탁한다.(24:20-21) 두번째 기회는 하길라 산으로 다윗을 추격하던 사울이(십의 배반으로 인해) 잠에 드는데, 기회를 타 사울을 죽이자는 아비새의 제안을 거절하고 "창과 물병"만을 가지고 온다.(26:1-2) 이 두 번의 절호의 찬스에서 다윗은 정치적 야욕이 없이 여호와의 결정에 의존하는 모습을 보인다. 인간의 보복은 사람의 손길에 있지 않고 여호와께서 그의 모든 고통과 억울함을 해결할 것을 믿었다.(24:11-15; 26:23-24) 구원이 여호와께 달려 있으며 사울을 사사로이 죽이려 하지 않고 끝까지 인내하며 광야의 삶을 이겨낸 다윗의 위대함은 여기에 있다.

다윗의 삶의 가장 많은 부분을 보낸 곳은 광야와 적국이었을 것이다. 도망자이자 망명자로써 방랑하면서 다윗은 사울과 조우하면서 자신의 생각을 뚜렷이 피력한다. 여호와의 구원에 대한 믿음, 여호와에 의해 기름 부은 자에 대한 존경이다. 그리고 다윗이 결국 승리할 것이며 왕국을 차지할 것에 대해서 그 누구보다도 그의 원수였던 사울은 확신하는 듯 보인다.(삼상 24:20) 아이러니하게도 이 신적 선택에 대적하는 자는 오직 베냐민 지파의 지도자 사울 한 사람 뿐이다. 그를 제외한 세상 사람들은 모두 다윗의 편인 것처럼 보인다. 이 모든 것들이 말하는 바는 오직 다윗만이 여호와의 선택을 받은 왕이며 그의 왕국이 성큼 다가왔음을 암시한다. 그는 지혜롭고 겸비하며 강력한 힘을 가진 성군으로써 보여진다.

복수의 문제를 여호와께 맡겼던 다윗처럼, 아비가일(갈렙족속에 속한 마온에 사는 나발의 부인; 25:3) 이야기는 한 지혜로운 여인이 어떻게 복수를 막을 수 있는지를 보여준다.(25:26, 33) 이 보복의 문제는 여호와께 속하였음을 다시금 역설한다.(25:38) 아비가일은 다른 등장인물들처럼 다윗을 통한 미래 왕권의 확고함을 증언한다.(25:28-31) 이 왕권의 확실함은 요나단(20:14-18)과 사울(24:21-22)의 증언들에서 지속적으로 언급될 것이다. 또한 다윗은 이스르엘 아히노암(삼상 25:43; 참조. 수 15:56; 이스르엘은 유다지역 성읍; 아히노암의 아들은 암논 [장자])[10]을 아내로 맞이하는 사건은 사울의 딸 미갈이 떠난 사건(25:44)과 함께 그의 정치적 위상 변화를 짐작케 한다. 다윗은 점차 유다 핵심 지역인 헤브론에서 정치적 세력화에 성공했음을 암시한다.

적국의 땅: 시글락에서 (27-31장)

사무엘상 27-31장까지는 다윗 부상(RAD)에 대한 서술이다. 여기서는 극단적으로 사울과 다윗이 대조된다. 사울왕은 여호와에게 버림받고 전쟁에 패배할 것이라는 예언을 듣게 된다. 다윗은 적국의 장수가 되고 여호와의 도움으로 남유다 지역에서 주요한 정치적 발판을 마련한다. 사무엘상 27장에서 다윗은 사울의 위협을 피해 이스라엘 적국인 블레셋 영토로 피하고 가드왕 아기스를 찾아 시글락을 받게 되고(27:6) 그 지역에서 일년 사 개월을 살게 된다. 다윗은 아기스의 "머리 지키는 자"가 되었으나,(28:2) 그의 유다 민족에 대한 마음은 결코 변하지 않았고 시글락을 중심으로 그술, 기르스, 아멜렉인들을 침공하지만(27:9-10) 유다 도시들은 결코 공격하지 않는다.

사울은 블레셋과의 전쟁을 앞두고 두려워하며 위기를 타개하고자 엔

---

10) 여기서 아히노암은 동일한 이름을 가지는 사울왕의 아내와 다른 인물이다.(삼상 14:50).

돌의 신접한 여인을 찾아간다.(28:3-7) 그녀는 죽은 사무엘의 영을 불러내고 죽은 사무엘은 이미 이스라엘을 다윗의 손에 넘겼으며 사울은 결국 블레셋인들의 손에 넘겨질 것이라 말한다.(28:17-19) 이제 이스라엘과 블레셋과의 전쟁 직전 아벡으로 군대를 모으고 이스라엘은 이스르엘에 있는 샘에 진을 쳤다.(29:1) 하지만 블레셋 방백들은 사울의 신하였던 다윗의 진의를 의심하고 그를 전투에 참여시키는 것에 반대했고, 결국 다윗은 자신의 땅으로 돌아간다.(29:1-11)

시글락으로 돌아온 다윗과 그의 군대는 아말렉의 노략으로 끌려간 백성들과 물품들을 되찾기 위해 좇아간다. 여호와의 인도하심과 한 애굽인의 도움으로 잃어버린 것을 모두 되찾고 전리품을 획득한 다윗은 전리품들을 전쟁에 참여한 자들과 유다 장로들에게 공평하게 나누어 준다.(30:1-31) 사울이 하나님으로부터 버림받았던 아말렉 전쟁의 결과와는 달리(15:9, 19) 다윗은 아말렉과의 전쟁을 통해 진정한 유다의 통치자(30:14)이자 유다 여러 지역들을 부요케 하는 자가 된다.(30:26-31) 사무엘상 29장에서는 사울에게 더 이상 신적 계시나 예언의 말씀이 주어지지 않는다고 말하지만, 다윗의 아말렉에 대한 전투 승리에는 신적 계시가 자리한다.(30:8)

한편, 이스르엘에서 전쟁을 대기하던 이스라엘은 길보아산에서 블레셋과 전쟁에서 패하며, 요나단을 포함한 그의 세 아들은 전사하고 사울은 자결한다.(31:1-6) 사울과 요나단의 죽음은 삼상 28:18-19에서 사무엘의 예언이 성취된 것이다. 이것으로 사무엘상은 일단락되지만, 다윗 왕위 등극 기사는 아직 완결된 것이 아니다.

유다와 이스라엘의 왕 (삼하 1-5)

사무엘하 1-5장은 다윗이 이스라엘 왕좌에 오르는 최종 과정을 애기한다. 외국 용병으로 살았던 다윗은 사울왕의 죽음으로 가장 큰 장애물이 제거되었음을 깨닫고, 망명을 끝내고 유다로 돌아간다. 이어지는 내러티브는 사울 가계의 비참한 모습과 대비되는 다윗 가계의 번성을 보여준다.(삼하 2:1-4a) 사울왕의 죽음 이후 거의 아무런 장애물 없이 모든 상황들은 다윗의 왕좌를 위해 순조롭게 진행된다. 다윗의 사울 왕가에 대한 태도는 마지막까지 선하게 그려진다.

다윗은 사무엘상 31장에서 길보아 산에서 사울왕의 자살을 도왔던 아말렉인으로부터 자세한 정황을 듣게 되고, "기름부음을 받은" 왕을 죽인 것에 대한 대가로 다윗은 그를 처형한다.(삼하 1:1-16) 다윗의 사울과 요나단 죽음에 대한 애통이 끝나고 그는 헤브론으로 올라와 유다 족속의 왕으로 세움을 받는다.(2:4)

하지만 아직 다윗은 남북 왕국의 왕은 아니다. 누가 최종 승리자가 될 것인가? 북쪽 지파들(이스라엘)은 사울의 아들 이스보셋을 왕으로 삼았고, 다윗은 헤브론에서 유다의 왕이 되었다.(2:10-11) 이 두 나라는 경쟁 구도에 돌입한 듯 보이지만, 모든 사건들은 결국 다윗의 편에 선다. 북이스라엘 군대 장관은 아브넬이고, 남유다 군대 장관은 요압이었다. 이들 무리들은 기브온 못가에서 만나 서로 겨루며, 이 싸움에 다윗은 참가하지 않는다.(2:18) 아브넬은 요압의 동생인 아사헬이 자신을 추격하자 그를 창으로 찔러 죽인다. 하지만 이 전투에서 유다는 승리한다. 이 전쟁의 끝에 역사가는 이렇게 기록한다. "사울의 집과 다윗의 집 사이에 전쟁이 오래매 다윗은 점점 강하여 가고 사울의 집은 점점 약하여 가니라."(3:1)

사울의 가계는 후대가 점차 끊어지고 패망해가는 징조들이 계속 등장한다. 이에 반해 다윗은 후손들(암논, 길르압, 압살롬, 아도니야, 스바댜, 이드르암)을 낳으며 번성해 간다.(3:2-5) 결정적으로 이스보셋을 옹위하는데 공을 세운 이는 아브넬이었지만, 곧이어 내부 분열이 시작된다.(3:6-21) 군대 장관이었던 아브넬은 사울의 첩 리스바와 통간하게 되고 이스보셋의 힐난을 듣고 이렇게 말한다. "이 나라를 사울의 집에서 다윗에게 옮겨서 그의 왕위를 단에서 브엘세바까지 이스라엘과 유다에 세우리라 하신 것이니라"(3:10) 아브넬은 "온 이스라엘"을 다윗에게 바치기 위해 그를 방문하고 비밀스런 거래는 순적하게 성사된다. 하지만 아브넬이 다윗을 방문하고 떠난 사실을 안 요압은 자신의 동생 아사헬을 죽인 아브넬을 다시 불러들여 그를 살해한다.(2:21-23) 이 죽음에 대해 다윗은 무죄라고 이야기는 반복해서 확인해 준다.(3:39) 군 지휘관인 베냐민 지파의 바아나와 레갑은 이스보셋을 암살하고 이를 다윗에게 보고하지만, 다윗은 사울 가계의 패망을 즐거워하지 않는다.(4:1-12) 이제 이스라엘의 두 명의 최고 권력자의 죽음은 왕권의 공백 상태를 만들게 된다. 이는 다윗에게 또 다른 기회로 작용했지만, 다윗의 성품은 다른 권력자와 확연히 구분된다.(1:15-16; 3:31-39; 4:11)

사무엘하 1-4장까지는 사울과 그의 세 아들들의 죽음 그리고 아브넬과 이스보셋의 죽음 속에도 다윗은 사울과 북부 이스라엘에 직접적으로 저항하거나 전쟁을 치르지 않았으며(아합이 대신 전투에 임함) 오히려 그는 사울의 가계에 지속적으로 은혜를 베풀었다. 블레셋과의 전쟁에서 혹은 이스라엘 내부의 권력 다툼 혹은 다윗 수하의 과도한 충성 등이 사울 가계의 파산을 유발했다고 내레이터는 설명한다. 여러 다양한 캐릭터들의 조합과 반응 속에서 다윗이 남북의 왕이 되기까지 장애물이 하나씩 제거되면서 다윗의 악한 권력욕으로 이 모든 일이 벌어지지 않았음을 텍스트는 강조한다. 사울은 질투심과 권력욕에 사로잡혀 여호와의 명령을 어겼으며, 기름부음 받은 자를 대적했다. 아브넬은 권력자로써 국가를 쥐락펴락하면서 기회주의로 일관했고, 요압은 사사로운 복수심으로 공적 문제를 다루었다. 이스보셋은 무기력한 왕으로 등장한다.

사울의 손자 므비보셋은 다리를 절고 있다.(4:4-5) 이 난리 속에서 여호와의 명확한 다윗을 향한 여호와의 목적은 정확히 이루어져 감을 알 수 있다. 인간들의 행동과 반응은 충동적으로 보이고 정치적 판단이 지속적으로 이루어지지만, 결국 다윗을 왕으로 세우려는 여호와의 의지를 꺾지는 못한다. 다윗은 아브넬의 피와 이스보셋의 죽음에 무고하다.(3:39; 4:11) 즉 북이스라엘의 멸망 원인은 다윗의 반란이나 전쟁이 아니며 (2:12-32), 순전히 이스라엘 리더들이 신적 힘에 의해서 나라를 다윗에게 바치는 결과를 이끌었다.

5장에서 다윗은 이스라엘 모든 지파의 요구에 의해 왕이 되며, 신적 명령인 "네가 내 백성 이스라엘의 목자가 되며 네가 이스라엘의 주권자가 되리라"(5:2)에 대한 응답으로써 그의 통치가 시작된다. 왕이 된 다윗은 첫 군사 작전으로 여부스인들이 사는 예루살렘의 시온 산성을 빼앗고 그곳을 다윗 성이라 명하며(5:6-7) 블레셋인을 격퇴한다.(5:17-25) 삼손 이야기에서부터 등장한 블레셋은 마침내 격퇴된다. 역사가는 그의 천하무적 군사력을 이렇게 표현한다. "만군의 하나님 여호와께서 함께 계시니 다윗이 점점 강성하여 가니라"(5:10; 참조. 5:12) 이 진술은 결국 다윗의 부상기사의 최종 결론이다. 추가적으로 두로왕 히람은 다윗을 위하여 왕궁을 건설하고, 다윗은 자신을 이스라엘 왕으로 신적으로 선택하고 영화롭게 한 자가 여호와이심을 알았다.(5:11-12)

추가적인 에피소드 (삼하 6-8)

다윗의 왕위 등극 기사 이후에 추가적인 에피소드들이 등장한다. 이 사건들은 다윗과 예루살렘에 대한 신적 선택의 주제를 강화한다.

첫째, 다윗은 바알레유다(기럇여아림; 삼상 7:1)로부터 언약궤를 다윗성으로 옮긴다. 삼상7:1에서 기럇여야림에 있었던 궤는 옮기는 과정에서 실수로 웃사가 궤에 손을 댐으로써 죽임을 당했고, 가드 사람 오벧에돔의 집에 잠시 머물렀다가(그곳은 축복의 장소가 됨) 다시 다윗 성으로 옮겨진다.(6:1-23) 실로의 제사장 그룹, 곧 엘리 가정은 여호와의 심판을 당하게 되었고(삼상 2:27-36), 이제는 예루살렘이 여호와의 축복이 머무는 곳이 된다.

둘째, 여호와의 궤가 여전히 휘장 가운데 있음으로, 다윗은 여호와의 집(성전)을 건축할 계획을 나단에게 말한다.(삼하 7:2) 7장 초반은 지난 세월 다윗이 경험했던 승리와 고난의 모든 시간들을 총정리하면서 평화와 안정이 찾아온 그의 여유를 느낄 수 있다.(7:1) 그의 국내외 정치적 대적들은 거의 사라지고 땅은 정복되었고 시온 성도 차지하였으며 자신의 왕궁은 순조롭게 건축되었다. 거기서 여호와의 언약궤도 자리를 찾았고, 통일된 이스라엘의 후손들은 번성하고 있다 . 하지만 여호와의 집을 짓겠다는 다윗의 요청이 여호와에 의해 거부되나 여호와는 여전히 다윗에게 축복을 약속한다.

다윗 언약에는 주목할 점이 몇 가지 있다. 첫째, 다윗이 여호와를 위하여 집을 건축하지 못하지만, 대신 여호와가 그를 "땅에서 위대한 자들의 이름같이" 그의 "이름을 위대하게 만들 것이다."(7:5, 9) 이전 사사 시대처럼 이스라엘이 다른 곳으로 옮기지 않고 지속적으로 평화를 누리도록 할 것이다.(7:10-11a) 여기서 "한 곳"은 이전과는 다른 예루살렘의 예배 장소를 의미하며, 이곳에서 왕국과 성전은 번성하게 될 것이다. 둘째, 다윗이 아닌 여호와가 다윗의 집을 건축하게 할 것이다.(7:11a-12) 이 집은 다윗이 죽은 이후까지, 다윗의 계승자는 이 약속으로 견고한 왕국을 보장받는다. 셋째, 다윗이 아닌 그의 아들이 여호와의 이름을 위하여서 집을 건축할 것이다.(7:13a) 여호와가 다윗의 아들의 "왕위를 영원히 견고하게 할 것이다"(7:13)고 말한다. 사울왕의 죄악으로 인하여 그의 왕국이 완전히 소멸된 것과 같은 방식으로 여호와는 다윗의 가계를 심판하지 않을 것이다.(7:15) 오히려 여호와는 아버지처럼 그의 아들을 돌볼 것이며 죄를 범할지라도 "사람의 매와 인생의 채찍으로 징계"할 것이라고 말한다.(7:14) 이 후계자 왕권에 대한 보호는 잠언의 아버지의 징계에 대한 부분과 유사하다.

그렇다면 이 약속은 무조건적 약속인가, 조건적 약속인가? 다윗이 여호와를 위해 집을 지을 것이라는 약속은 보상으로 주어지는 것 같지 않다. 11절 하반절부터 어조는 여호와가 일방적으로 그의 왕권을 보전하고 그의 자손이 성전을 짓게 하며 자손의 죄악에도 그를 축복할 것이라 말한다. 결국 다윗에 대한 약속은 이전의 모세의 것과 다른 무조건적인 은혜의 특성을 보인다. "네 집과 네 나라가 내 앞에서 영원히 보전되고 네 왕위가 영원히 견고하리라."(7:16) 이 다윗에 대한 약속에 대한 감사로 다윗은 "주와 같은 이가 없고 주 외에는 신이 없다"는 고백을 드린다.(7:22) 다윗의 기도는 다가올 솔로몬 시대 그리고 후대 다윗 왕조에 대한 기대감이 반영되어 있다.

셋째, 다윗의 블레셋과 모압, 소바, 다메섹, 하맛, 그리고 에돔과의 전쟁에서 승리에 대한 기록들과 그의 내치에 대해 구체적으로 기록된다.(8장)

19. 승계 내러티브 (삼하 9-20장)

"승계 내러티브"는 사무엘하 9장에서 시작 20장에서 마무리되고 21-24장은 독립적 에피소드가 삽입된 형태로, 이는 이후 열왕기상 1-2장에서 마무리된다. 승계 내러티브는 다윗에 대한 강한 비판적 어조를 유지한다. 더 이상 무고히 고난 받으며 선의를 베푸는 다윗의 모습은 사라지고 왕위를 솔로몬에게 물려주기까지 어두운 그의 통치가 부각된다.

므비보셋 (9:1-13)

승계 내러티브의 첫 에피소드는 다윗이 어떻게 요나단의 아들 므비보셋에게 은혜를 베풀었는지에 대한 것이다.(참조. 삼하 4:4) 다윗은 요나단과 했던 약속을 기억하고 므비보셋에게 땅을 주고 사울의 종이었던 시바와 그의 가정이 므비보셋을 섬길 것을 명령한다.(삼하 9장) 그렇다면 다윗의 이 조치는 삼하 1-5장에서 정치적 상황의 연장선에서 사울 왕가에 대한 호의로 보아야 하는가, 아니면 반란에 대한 경계로 보아야 하는가?(예. 삼하 21:8) 판단하기는 쉽지 않다. 우선, 므비보셋이 감옥에 갇힌 것이 아니라, 그를 보호하는 것처럼 묘사되기 때문이다. 므비보셋은 다윗에게 충성을 맹세했으며(9:6) 다윗의 집의 상에서 음식을 먹는 것을 통해서 다윗은 다리를 저는 사울의 자손을 자신의 통제하에 둔다. 다윗의 이와 같은 행위는 므비보셋을 보호한다기 보다는 감시하려는 의도를 가진 것으로 보인다. 므비보셋의 사울 왕가의 복원에 대한 야심은 이후 시바에 의해서 증언된다.(16:3)

다윗의 범죄 (10-12장)

다윗의 범죄에 대한 사무엘하10-12장의 내러티브의 배경은 암몬과의 전쟁으로, 나하스의 아들 하눈으로부터 당한 모욕이 그 시작이었다.(삼하 10장; 참조. 삼하 17:27-29) 나하스의 죽음에 대한 조문으로 보낸 사절단은 스파이로 의심받고 그 벌로 그들은 수염이 깎이는 수모를 당한다. 이에 다윗은 요압과 용사들을 파견하지만(10:5, 7), 이전과 달리 여호와에게 이를 묻지 않는다. 암몬과 전쟁 배경에서 발생한 11장의 다윗의 범죄는 몇 가지 중요한 연속성을 가진다.

첫째, 열왕기상 2장까지 이어지는 숨막히는 왕위 쟁탈전의 시작은 다윗의 심각한 범죄들에서 시작됐다. 둘째, 솔로몬에게 왕위가 넘어갈 때까지 이 왕위 찬탈의 소용돌이는 계속된다. 다윗의 아들들인 암논(삼하 13장), 압살롬(삼하 18장), 아도니야(왕상 2:13-25)가 모두 다 죽는다. 셋째, 아이러니하게도 승계 내러티브의 비극에서 피해자였던 밧세바의 아들 솔로몬이 왕위를 차지하게 된다.

사무엘하11장의 시작은 암몬을 랍바에 에워싸고 이들과 격전을 벌이는 이스라엘의 전투를 소개한다. 위급한 상황에도 다윗은 예루살렘 궁에 있으면서 한가로이 옥상을 거닐고 있다.(11:1-2) 다윗은 전쟁에 직접 나서기 보다 일선에서 물러서 있다. 그는 오랜 고생 끝에 왕좌를 차지했고 그의 몸과 마음은 크게 방황하고 있는 듯 하다. 헷(Hittite) 사람 우리아의 아내 밧세바는 다윗의 일그러진 욕망으로 인해 성적 유린을 당하고 밧세바의 임신 사실은 다윗에게 전해진다. 다윗은 이 사실을 은폐하기 위해 전쟁을 치르고 있는 우리아를 소환해 밧세바와 동침할 것을 유도하나 경건한 이방인 우리아는 이를 거부한다.(11:6-13) 다윗은 우리아의 손에 요압에게 편지하여 우리아를 랍바의 최전방에 위치하게 하여 그를 죽일 계략을 꾸민다. 마침내 우리아 죽음에 대한 전령의 보고를 받고서야 다윗은 안심하고 밧세바를 취한다.(11:22-27)

선지자 나단은 부유한 자와 가난한 자의 예화를 들려준다. 딸처럼 여겨서 키운 하나밖에 없는 암양을 빼앗아 간 부자의 이야기 속에서 나단은 다윗을 포악하고 욕심이 가득 찬 위선자임을 폭로한다.(12:1-6) 이는 명백히 다윗을 정의와 공의의 대행자로 세운 여호와의 믿음에 대한 배반이었다. 이 비유는 다윗을 회개로 이끌지만, 다윗의 가정에 닥칠 미래의 재앙에 대해 경고한다. "칼이 네 집에서 영원토록 떠나지 아니하리라. … 보라 내가 너와 네 집에 재앙을 일으키고 내가 네 눈앞에서 네 아내를 빼앗아 네 이웃들에게 주리니 그 사람들이 네 아내들과 더불어 백주에 동침하리라."(12:11-12) 13절에서 나단은 다윗에게 "당신의 죄를 사하셨다"는 표현이 등장하지만 정확히 말하면 죄의 결과가 제거된 것이 아니며 치명적인 결과는 국가 전체에게 임하게 된다. 그것은 바로 왕국의 정치적 혼란과 밧세바가 낳은 아기의 죽음이었다.(12:13-14) 다윗의 금식 기도에도 불구하고 예언된 대로 밧세바의 아이는 죽고, 곧이어 솔로몬이 태어난다.(12:24-25) 다윗은 신명기적 율법이 정한 법에 따라서 처벌을 받지 않고, 무고한 그의 아기가 죽음을 당하며 이어지는 왕국 전체에 영향을 준다. 이것은 신명기적 신학에 입각한 전개는 아니다.

압살롬의 반란과 다윗의 도피 그리고 귀환 (삼하 13-20장)

삼하 13-20장은 다윗 왕정을 위협하는 압살롬의 반역을 다룬다. 다윗의 맏아들 "암논"은 그의 사촌 요나답의 조언을 받아들여서 압살롬의 누이인 다말을 유혹하고 성폭력을 행한다. 근친 상간의 폭력은 압살롬이 암논을 극단적으로 미워하게 만들지만, 다윗은 우유부단하게 이 일을 처리한다.11) 결국 이 사건은 가족의 구성원들에 대한, 가족 구성원 사이의 "모독"(sacrilege)의 행위와도 같다. 아버지 다윗은 왕위를 계승하게 될 그가 아끼는 암논을 징계하지 않는다. 이 사건은 이어지는 13장 이후 15장까지의 압살롬의 반역의 배경을 제공한다.12) 결국 압살롬은 바알하솔에서 암논을 살해한다.(13:28-29) 그럼에도 다윗은 형을 살해한 압살롬을 징계하지 않는다. 다윗은 압살론을 대한 부성이 컸고 오히려 암논의 죽음은 다윗이 위로를 받은 것으로 보인다.(13:39; 참조. 18:5; 19:1) 아마도 압살롬을 자신의 승계자로 생각했을지 모른다. 삼 년의 시간이 지난 후, 요압은 지혜로운 드고아 여인의 입을 통해서 압살롬을 예루살렘으로 귀환하게 조정하고, 결국 다윗은 압살롬과 겉으로는 화해하는 것 같다.(13:38-14:33) 아브넬을 살해했던 요압의 도덕성 결여가 여기서도 문제가 되며, 압살롬에 대한 올바른 심판이 결여된 채로 이해 관계가 맞은 그 둘은 다시 만나고 이것은 더 큰 문제를 일으킨다.(참조. 3:39)

---

11) 삼하 13:21의 MT 버전은 "다윗 왕이 이 모든 일을 듣고 심히 노하니라"이다. 하지만, LXX 버전에서는 " 다윗왕이 이 모든 일을 들었을 때, 그는 진노했지만, 그는 그의 아들 암논을 벌하지 않았는데, 그 이유는 그가 장자였기에 그를 사랑했기 때문이었다".

12) Jr. P. Kyle McCarter, *II Samuel*, 1st ed. (NY: Anchor Bible, 1984), 327-28.

압살롬은 흥미로운 인간이다. 압살롬의 외적 아름다움(14:25-27)은 사울의 준수한 외모와 비교된다.(삼상 9:2) 또한 압살롬은 왕위 쟁탈전에서 용의주도함을 보여준다. 그는 다말에 대한 분노를 무려 2년동안 참으면서 사적이면서도 왕위 쟁탈을 위한 정치적 복수를 감행했었다.(13:20) 그의 살해 동기는 누이에 대한 사랑이면서도 권력에 대한 강한 욕망이 결합된 것 같다.(그의 딸의 이름은 다말이다; 삼하 14:27) 압살롬은 왕권을 장악하기 위한 책략에도 뛰어난 자로, 다윗을 만나기 위해서 요압의 밭에 불을 지르고 각종 재판과 관련된 사항들을 자신이 직접 처리하면서 대중들의 인기를 얻는다.(15:6) 그는 자신의 도피 시절에 했던 서원을 핑계로 헤브론으로 가서 사람들을 규합하고 아히도벨과 함께 반역을 꾀한다.(15:11-12)

압살롬의 반역에 다윗은 급히 도망갈 준비를 하지만 다윗은 후궁 열 명을 남겨두고 가족들을 데려간다.(15:13-18) 사독과 아비아달은 언약궤를 메고 다윗을 좇으려 하나 다윗은 그들은 다시 예루살렘으로 돌려보내고 그의 친구 후새도 다윗에게 도움을 주기 위해 압살롬이 있는 궁전으로 위장하여 돌아간다.(15:19-37) 다윗이 직면한 고난이 시사하는 바는 크게 두 가지이다.

첫째, 다윗은 압살롬의 반역을 묵묵히 받아들이고 인정한다. 사울왕이 기름부음 받은 자신과의 갈등을 겪었던 것처럼, 스스로도 또 다른 기름을 부음 받은 자에 의해 축출될 수 있다고 생각했을 것이다. 다윗은 언약궤를 굳이 가져가려 하지 않았고, 여호와께서 자신을 버리셨다면 그 사실을 받아들여야 한다고 생각할 정도로 겸비한 자이다.(15:25-26) 동일한 태도는 시므이의 저주에서도 발견되며, 그는 자신에 대한 저주조차도 여호와께서 허락하신 것일 수 있으므로 그를 막지 않았다.(16:10) 둘째, 다윗은 결국 모든 원통함과 저주의 상황의 모든 것들을 여호와가 직접 갚아 주실 것을 믿는다. 사독을 향하여 하나님이 다시 자신을 인도하신다면 예루살렘으로 돌아올 것을 믿었고(15:25), 시므이의 저주에 대해서도 여호와께서 결국 선으로 갚아 줄 것을 믿었다.(16:11) 압살롬 반역은 암논의 죄악에서 촉발된 것이었고, 압살롬의 권력욕이 이 일을 확장시켰다. 그러나 다윗은 현재의 모든 재앙으로 인한 도피가 자신의 죄악과 여호와의 결정에 의한 것으로 생각한다. 따라서 다윗의 도피는 단순한 정치적 망명이 아니라 과거 자신의 죄악에 대한 깊은 회개의 행위처럼 인식된다.[13] 다시 말해 역사가는 다윗이 밧세바를 범하고 살인에 연루되었던 일의 연장선상에서 현재의 참극을 설명하려는 것 같다.

압살롬과 그의 조력가인 아히도벨의 행위는 상당한 도덕적 ,종교적인 문제를 일으킨다.(16:20-23) 다윗 사람이었던 후새는 압살롬에게 투항한 것처럼 위장하며 사악한 아히도벨은 다윗의 후궁들과 동침할 것을 압살롬에게 제안한다.(16:15-23) 이후, 다윗을 추격하는 문제에서 압살롬은 후새의 견해를 취하고 아히도벨의 합리적 견해(다윗만을 살해하라는)를 무시하기에 이히도벨은 스스로 자결한다.(17:23) 이 내부의 균열의 배후에는 여호와께서 압살롬에게 화를 내리려는 뜻이 성취된 것이다.(17:14)

압살롬과의 전쟁에서 다윗의 군대는 이기게 되지만, 요압은 다윗의 명령을 어기고 압살롬을 살해한다.(18장) 전쟁이 마무리 되지만 요압과 다윗의 갈등은 커져가고, 다윗은 압살롬의 반역에 참여했던 자들을 용서하

---

13) McCarter, *II Samuel*, 376.

역사서, 지혜서, 시가서 새롭게 읽기 | 77

고 귀환을 준비한다.(19:1-15) 하지만 다윗은 남유다와 북이스라엘 사이에 갈등을 촉발시키며, 압살롬의 군대 장관이었던 아마사를 군대장관으로 임명하려 한다.(19:9-15) 다윗은 시므이에 대해 관대한 입장을 취하고 므비보셋과의 오해를 풀게 된다.(19:16-30) 남북 분쟁이 극에 달하고 (19:40-43), 세바(베냐민 사람)가 반란을 일으키지만, 한 지혜로운 여인의 행동으로 세바의 머리가 잘려지고 반란은 제압된다.(삼하 20:1-22) 이 전쟁의 준비과정에서 다윗의 오판으로 요압은 앙심을 품고 군대 장관으로 임명된 아마사를 칼로 직접 살해한다.(20:9-10)

추가 (삼하 21-24장)

사무엘하 21-24장은 승계 내러티브의 시간 순서적 흐름을 차단하여서 정확히 어떤 연대에 발생했는지 알기 힘들다. 삼하 22장과 23:1-7를 중심으로 다윗의 용사들에 대한 설명(21:15-22; 23:8-39)과 신적 심판 (21:1-14; 24장)에 대한 에피소드가 감싸는 구조로 형성된다.

여기서 두 번의 신적 심판에 대한 에피소드는 주목할 만하다. 첫째, 사무엘하 21:1-14은 다윗 시대 3년 기근으로 사울왕이 기브온 사람들과의 언약(수 9장)을 깨뜨리고 그들을 살육하였기 때문에 생겼다.14) 이에 다윗은 사울 왕가의 후손 7인을 기브온 사람들에게 넘겨주고 그들의 목을 달아 원한을 갚은 이후, 신적 진노는 가라앉고 비가 내리기 시작한다. 둘째, 다윗이 행한 이스라엘과 유다의 인구 조사는 여호와 보시기에 죄악이었다. 그 결과로 백성들에게 전염병이 임하자 다윗은 제단을 쌓고 그의

---

14) 21장에서 사울이 기브온인들을 죽였다는 진술은 다른 곳에서는 등장하지 않는다. 다만 삼상 22:6-23에서 놉의 제사장들을 학살한 사건이 등장한다.

기도는 응답된다.(삼하 24장) 고대 사회에서 인구 조사는 세금과 같은 국가재정의 확보와 군사적 징병의 기초 자료가 되기도 하지만, 여기서는 군사력 확보가 주요 이유였던 것 같다.(24:9) 군사력 확보에는 필수적으로 성결법과 관련된 거룩해야 할 의무가 있음에도(참조. 민 1:2-3; 수 3:5; 23:10-15), 다윗의 인구 조사는 거룩함을 위한 행위를 하지 않음으로써 전체를 위험에 빠뜨리는 결과를 초래한다.15)

20. 신학적 함의들

다윗의 왕위를 위한 준비: 사무엘-언약궤-사울

사무엘상 1-15장까지의 구성과 인물들은 다윗 왕정 등장 배경을 설명한다. 그 핵심에는 엘리와 사무엘 가계의 대조를 통해 제사장 계급의 타락과 예언자들의 등장을 보여준다. 신명기 역사가 관점에서 엘리의 가계는 더 이상 국가를 존속시킬 수 없었으며 사무엘의 자녀들 역시 사사로써 함량 미달이었다. 엘리 자녀들이 이스라엘 종교에 절대적이었던 언약궤를 분실하였기 때문에 결국 이스라엘 부족들은 큰 위기에 봉착한다. 언약궤 그 자체는 예배의 대상이 되지 않으며 언약궤가 지키고 있는 모세의 십계명은 오직 순종만을 요구한다. 하지만 이들은 언약궤를 임의로 사용했다. 언약궤를 타자화함으로써 엘리 가문은 종말을 고했다. 여호와의 임재는 그 땅을 떠나지만 블레셋을 심판한 언약궤가 다시금 돌아옴으로써 희망을 품을 수 있게 한다. 백성들의 왕정 제도에 대한 요구와 사울왕에 대한 신명기 역사가의 평가는 매우 부정적이며, 그는 결코 신명기 역사

---

15) McCarter, *II Samuel*, 514.

가가 그리는 모범적 인물이 될 수 없다. 베냐민 지파의 소속이었던 사울왕은 제사를 위하여 가축을 숨겼다고 말하지만 그것은 여호와의 명령에 대한 거부였으며 버려진 사울 왕정은 버려진 북이스라엘을 상징하는지 모른다.

다윗의 왕권이 의미하는 것

이스라엘 다윗 왕조의 확립은 혼돈스러웠던 사사 시대의 종결을 의미한다. 이 역사의 전개에는 크게 두 가지의 의미를 준다.

첫째, 사무엘서는 어떠한 과정을 거쳐 최초의 이스라엘 왕정이 확립되는가를 보여준다. 베냐민 지파의 "사울"과 유다 지파의 "다윗"의 복잡한 관계들의 얽힘은 계속적으로 다윗의 부상 기사에서 두드러진다. 차기 왕위를 상속할 요나단은 일찍부터 이스라엘은 다윗의 왕국이 될 것임을 말하고 다윗을 보호한다.(삼상 20장) 사울은 다윗을 자신의 수하로 두면서 그를 죽음으로 내몰기 위해서 딸 메랍과의 혼인을, 그리고 이후에는 미갈의 남편으로 맞이함으로써 그에게 올무를 씌우려 한다.(18:28) 광야와 동굴을 헤매이는 다윗을 수차례 죽이려 하지만 번번히 실패한다. 다윗의 목숨이 보전되는 이유는 여호와의 선택과 다윗을 향한 신적 보호가 있었다. 이미 왕국은 다윗에게 이양된 상태였으며, 다윗은 그 고난을 묵묵히 인내한다. 사울, 요나단, 므비보셋, 그리고 온 이스라엘은 어떤 것을 목도하며 이들은 모두 한 목소리로 다윗의 왕국이 도래했음을 인식한다.(18:14-16, 28-30; 20:14-17; 24:17-22; 26:25; 25:25-31) 즉 출애굽을 하고 땅을 받은 이스라엘에게 드디어 진정한 "왕"이 출현한 것이다. 이는 하나님의 나라 3요소(주권, 백성, 영토)의 마지막 퍼즐인 "왕"의 문제를 해결한다. 이제 진정으로 여호와가 가져오기 원했던 나라가 열린 것이며 그 핵심은 "다윗"이라는 왕이다.

둘째, 이 다윗의 성공적 왕위 등극은 거대한 신적 목적의 성취를 증언한다. 사무엘상16장의 시작에 음악 치료사로, 무기 나르는 자로 사울을 섬겼던 지극히 작은 자였던 다윗. 그는 전체 내러티브에서 시종일관 권력과 영토를 빼앗으려 하기 보다는 극도로 수동적인 입장을 취한다. 그의 엄청난 인기와 사무엘에 의해 왕으로 기름을 부음 받았어도 사울왕을 결코 해하려 하지 않았다. 적국인 블레셋으로 첫 망명을 할 때에도 그는 아기스 앞에서 살기 위해 미친 척을 했으며, 이후 그의 군대장관으로 섬기며 비참한 시간을 보내었다. 광야에서 동굴에서 들판에서 그는 버림받은 자들을 규합하여 망명 생활을 지속하면서도 자신의 민족인 유다를 향한 신의를 끝까지 지켰다. 또한 사울왕의 죽음과 그의 세 아들들의 죽음, 그리고 북이스라엘의 권력 실세였던 아브넬의 죽음과 이스보셋의 죽음은 다윗이 원했던 것이 아니었으며 그들의 죽음을 애도한다. 적이었던 아브넬, 레갑과 바아나, 그리고 이스라엘의 모든 지파들의 다윗에 대한 충성심은 다윗의 강요에 의한 것이 아니었으며, 그것은 자연스럽게 통일 왕국의 왕을 향한 충성심으로 이어졌다. 다윗은 이 모든 죽음들에 직접적으로 관여하지 않았으며 그는 무고했다. 모든 것들은 마치 물 흐르듯이 일어났고, 이스라엘의 왕으로 세움을 받은 것은 신적 목적의 성취였다.(삼하 5:3; 7:8)

다윗 언약 (사무엘하 7장)

다윗 이야기의 하이라이트는 사무엘하 7장의 다윗 언약이다. 이 표현은 사무엘서와 구약 성서 전체에서 중요한 위치를 차지한다. 모세오경에서 모세를 통해 주어진 여호와의 율법과 언약(시내산 언약에서 신명기 언약까지) 을 생각해 보자. 이 모세 율법은 다윗에게 주어진 언약과 구별된다. 시내산 언약은 인간의 행위에 대한 반응으로써 주어지는 축복과 저주를 말한다. 그러나 다윗의 언약은 무조건적 언약이다. 쉽게 말해, 인간의 행위에 따라 신적 결정은 좌우되지 않는다. 다윗 언약이 솔로몬의 죄악에 대한 단서를 제공하지만, 다윗의 자녀가 죄를 짓더라도 여호와는 아비같이 그를 징계할 것이며 결단코 버리지 않을 것이다. 이 다윗 언약은 몇 가지 고찰할 사항을 제공한다.

이 언약은 다윗을 성전의 건축을 제안한 첫번째 사람으로 그려낸다. 삼하 7:10-11의 "한 곳"에서의 정착과 원수에게서 쉼은 신명기 12장에서의 여호와가 선택한 한 곳 성전에서의 예배를 떠올리게 한다. 모세는 신명기 12장에서 이렇게 말한다. "땅에 거주하게 될 때… 너희에게 안식을 주사 너희를 평안히 거주하게 하실 때에… 자기 이름을 두시려고 택하실 그곳으로"(신 12:10-11) 바로 다윗은 예루살렘 성전을 짓겠다고 제안하고 이를 약속한 첫번째 사람이다. 다윗의 영원한 왕국 건설은 이와 같이 그의 결심에서 시작되었으며 여호와의 약속으로 이어진다. 영원한 언약인 다윗 왕조에 대한 축복은 신명기 역사가의 신학적 스펙트럼에서 벗어난다. 특히 신명기 역사가의 기본적인 왕권에 대한 부정적인 태도, 성전에 대한 관심 부족, 그리고 모세율법에 대한 강조와 대립된다.

만약 사무엘하 7장의 다윗 언약을 포로기의 정황에서 생각해 보면 어떨까? 위에서 살펴본 것처럼 사울왕은 실패한 북이스라엘 왕을 대변하며 솔로몬은 모든 남유다의 실패한 왕들의 표본처럼 보이나, 다윗은 모든 오고 가는 유대인들의 세대 속에서 가장 위대한 여호와의 택함을 받은 왕이다. 다윗 이후 성전을 개혁하고 율법책을 발견한 요시야 왕은 다윗왕처럼 등장한다.(왕하 22-23장)

잃어버린 안식과 쉼을 얻기 위해서 잃어버린 다윗 성전과 왕국을 재건하기 위해서 포로기의 이스라엘은 무엇을 해야 할까? 잃어버린 언약궤(삼상 4-6장)의 현실처럼 "이가봇"의 현실처럼 영광은 모두 사라졌다. 그들은 유배되었고 땅은 소실되었다. 더구나 이제 인간이 할 수 있는 모세의 율법책의 언약은 무기력하게 되었다. 그들에게 필요한 것은 여호와의 절대적인 여호와께서 무조건적으로 그의 나라를 위해서 일하시는 약속이 필요하다. 이 다윗에게 주어진 새 약속은 포로기와 포로후기의 이스라엘에게 큰 위로가 되었을 것이 분명하다. 나아가서 다윗 시대가 솔로몬 시대의 성전의 영광을 준비하는 시기였던 것처럼, 포로기는 바로 미래에 회복될 영광스러운 성전의 시대를 준비하는 시기라고 보았을지도 모른다. 포로기의 흩어진 디아스포라 공동체가 바라던 것은 바로 사사 시대같은 혼란기가 아닌 본토로 돌아가 다시 건축된 성전에서 예배를 드릴 수 있는 평화의 시대였을 것이다.(삼하 7:11) 그러나 과거의 영광이 완전히 회복된 것이 아니며, 그들은 여전히 식민지 시대를 살아가고 있다. 포로기 바벨론 땅의 디아스포라 공동체가 다윗 왕조를 복구하기 위해서는 무엇을 해야 하는가? 다윗은 그의 죽음을 앞에 두고 이렇게 말한다. "네 자손들이 그들의 길을 삼가 마음을 다하고 성품을 다하여 진실히 내 앞에서 행하면 이스라엘 왕위에 오를 사람이 네게서 끊어지지 아니하리라."(왕상 2:4) 이는 어떤 신명기적 교훈처럼 주어진다.

마지막으로 이 새 언약은 그리스도의 언약을 향한 가장 중요한 그림자의 역할을 한다. 변경될 수 없으며 무조건적인 언약의 특성은 그리스도가 가져올 모든 구원의 혜택을 함의한다.(시편 89편)

다윗에 대한 두 가지 시선

다윗왕에 대한 두 개의 시선은 독자들을 무척 당황스럽게 한다. 다윗의 부상 기사가 보여주는 다윗에 대한 긍정적인 시선, 정반대로 승계 내러티브가 보여주는 다윗의 악한 부분은 무엇을 말하는가? 다윗의 범죄는 용서되었지만 그에 대한 신적 심판은 전혀 사라지지 않았으며 그의 가계에 피비린내 나는 전쟁과 재앙을 예고했었다. "칼이 네 집에서 영원토록 떠나지 아니하리라."(삼하 12:10) 다윗의 가정에 일어나게 될 "왕좌의 게임"은 피할 수 없는 사건들이었으며 예언은 점층적인 성취를 보여준다. 다윗은 자신의 실패에 대해 뼈저리게 회개하여 죄의 사함을 받았을 지라도(참조. 시편 51), 자신의 아들의 죽음과 이후의 왕국의 권력투쟁을 막을 수는 없었다.

승계 내러티브는 크게 두 가지를 말해 준다. 첫째, 쓸쓸한 모습인 다윗의 최후는 사울왕과 겹쳐지지만 다윗에게 주어진 새 언약은 결코 변경되지 않았다. 그의 왕국은 결국 솔로몬에게 이양되었고 최절정기의 황금기를 맞이한다.(왕하 3-11장) 다윗의 심각한 범죄는 왕국을 위험하게 했으나 하나님의 왕국을 향한 여호와의 의지는 꺾기지 않았다. 둘째, 다윗은 스스로의 죄악을 참회하면서 자신에게 주어진 섭리를 받아들였다. 다윗은 압살롬의 반역에도 스스로 예루살렘을 떠나면서 사울왕과 같이 주어진 운명을 대적하지 않았다.(삼하 15:25-26) 그는 시므이를 죽이지 않았으며 "여호와께서 선"으로 갚아 주실 것을 믿었다.(삼하 16:12) 이에 반해 압살롬의 타락한 모습과 욕망은 다윗과 대비되며 압살롬은 결국 요압의 손에 죽임을 당하고 다윗은 그의 죽음을 슬퍼한다.

이는 마치 한나의 기도(2:1-10), 모세의 축복과 저주 목록(신명기 28장), 다윗의 노래(사무엘하 22장)를 떠올리게 한다. 여호와의 목소리를 순종했던 다윗은 끊임 없는 사울왕의 살해 위협과 압살롬의 대적 속에서도 여호와를 신뢰했으며 그의 왕국은 견고히 지켜졌다. 사무엘서 저자는 이 다윗 부상 기사와 승계 내러티브 두 가지를 통해서 남유다 왕국의 시조였던 다윗 왕국의 정당성을 변호한다.

다윗, 상한 마음의 소유자

사무엘서는 다윗이라는 한 인간과 그가 왕이 되기까지 그리고 그의 죽음에 이르기까지의 드라마를 보여준다. 다윗은 오늘날의 기준으로 보면 사울보다 더 도덕적인 사람은 아니었다. 그는 살인과 성폭력으로 국가를 위기로 빠뜨렸으며, 암논과 압살롬을 온전히 대처하지 못했으며, 형제 간의 살육이 일어나는 것을 막지 못했고, 다말의 고통을 온전히 이해하고 돕지 못했다. 자신의 충복이었던 요압이 함부로 살인을 저지르는 것을 방관했으며, 마지막까지 그는 사울의 가계를 경계했다.

그렇다면 도대체 무엇이 다윗을 위대하게 만드는가? 여호와의 새 언약의 축복은 다윗이 갖고 있는 성전을 향한 열정에 대한 일방적인 은혜였다.(삼하 7장) 그것은 그의 공로가 아니었다. 다윗을 위대하게 만드는 것은 그의 죄악에 대한 철저한 회개였다. 시편 41편은 그의 죄악에 대한 철저한 회개를 보여준다. 그가 바랬던 것은 "정직한 영"이었고 "주의 성령"이 그에게 머무르는 것이었고, "구원의 즐거움"이 회복되는 것이었다.(시

51:10-12) 다윗의 기도는 그가 진실로 바랬던 것이 왕국의 권력이 아니었음을 말해 준다. 다윗은 성전에서 드리는 제사와 번제가 하나님을 기쁘시게 하는 것이 아님을 알았다.(시 51:16) "하나님께서 구하시는 제사는 상한 심령이라 하나님이여 상하고 통회하는 마음을 주께서 멸시하지 아니하시리이다."(시 51:17) 다윗은 그의 왕국에서 일어난 압살롬의 반란 사건을 통해 그가 얼마나 여호와 앞에서 겸비한 자이며 모든 운명을 그대로 받아들이려 했는지를 가르쳐 준다. 압살롬의 쿠데타에도 그는 하나님이 자신을 버렸을지 모른다는 생각에 결코 압살롬에 맞서지 않았다. 다윗이 우리에게 가르쳐 주는 지점은 바로 여기에 있다. 가장 탁월한 신앙은 "상한 심령"을 갖는데 있다.

제4강 열왕기서: 나쁜 왕, 좋은 왕, 위대한 왕

1. 신명기역사서의 결론, 열왕기서

열왕기서는 신명기에서 지속되던 역사서의 결말을 제시한다. 열왕기 시작은 승계 내러티브(SN)의 끝을 보여준다.(왕상 2:13) 솔로몬 왕국 탄생에서 분열 왕국 역사를 거쳐, 북이스라엘과 남유다 왕국들의 멸망으로 이어진다. 역사가는 이 책에서 왕궁, 성전, 예언자들에 관한 이야기들, 특히 유다와 이스라엘의 왕들에 대한 옛 연대기 기록을 참고한다. 예를 들어 "솔로몬의 남은 사적과 그의 행한 모든 일과 그의 지혜는 솔로몬의 실록에 기록되지 아니하였느냐"(왕상 11:41), "여로보암의 그 남은 행적 곧 그가 어떻게 싸웠는지와 어떻게 다스렸는지는 이스라엘 왕 역대지략에 기록되니라"(왕상 14:19), "르호보암의 남은 사적과 그가 행한 모든 일은 유다 왕 역대지략에 기록되지 아니하였느냐"(왕상 14:29)가 있다. 이렇게 역사가는 기존 사료들을 집대성하여 자신기 시대의 상황을 투영하는 긴 역사을 만든다.

특히, 이 책에는 예언자들에 관한 여러 전승들이 왕들의 통치와 연결되며, 역사 흐름 속에 예언자들의 역할을 보여준다.(왕상 17-왕하 2:18; 왕하 2:19-8:29) 그들은 왕국의 등장, 파멸을 예언하며 왕실과 대립하거나, 궁극적인 왕국의 암울한 미래에 대해 예언한다. 신명기 역사가는 여호수아 시대 이래로 정복한 땅과 다윗 왕국이 어떻게 점차 힘을 잃고 상실되는지 보여준다. 최후에는 정복했던 땅의 상실, 백성들의 흩어짐, 왕들의 죽음과 성전 파괴로 종결된다.

왜 남북 왕국들은 멸망했을까? 이에 대한 해답이 세 군데에서 두드러지게 드러난다.(왕상 8:14-53; 왕하 17:7-23; 24:3-4) 신명기 역사서는 열왕기하 17장에서 북이스라엘 사마리아가 멸망한 원인을 신명기적 연설의 형태로 알려준다.(17:7-23) 과거 역사를 정리하면서, 화자는 파괴 원인이 북이스라엘의 배교였다고 단언하고 있으며, 그들이 "율법"을 듣지 않고 언약을 버린 결과라고 말한다. 배교와 우상숭배는 여호와를 분노하게 했다.(왕하 17:17-18) 열왕기하 24-25장은 남 유대의 결말을 서술한다. 역사가는 남유다 멸망 원인에 대해 별도의 연설의 형태로 말하지 않지만, 므낫세의 죄악 때문이라고 명시한다.(24:3-4)

역대기는 페르시아 왕 고레스의 성전 건축 명령과 함께 끝나나, 열왕기는 성전 파괴와 여호야긴의 감옥에서의 석방을 알리는 열린 결말로만 마무리된다. 왜 그럴까? 여기에는 두 가지 이유를 생각할 수 있다. 첫째, 희망적 메시지를 의도적으로 남기기 위함일 수 있다. 수감되었던 여호야긴왕은 옥에서 풀려나고 바벨론 왕궁에서 귀빈으로 대접을 받는 장면을 보여준다.(왕하 25:27-30) 그렇다면, 이는 이후 다윗 왕국의 회생에 대한 긍정적 메시지로 볼 수 있을까? 둘째, 멸망 이후에 대한 담담한 기록으로써 어떤 소망도 볼 수 없는 상황에 대한 결말일지 모른다. 여호야긴은 풀려났지만, 아직도 국가는 여전히 포로 상태에 있다. 역대기처럼 열왕기의 마지막에선 미래 상황에 대한 예언적 목소리는 없다. 현재 열왕기서의 결말은 후자의 경우에 가깝다. 또 한 가지 유추할 수 있는 것은 만약 이 책이 포로기에 작성된 것이라면, BC 587년에 겪은 파괴에 대한 경험이 있는 역사가가 객관적으로 평가할 수 있는 충분한 시간이 지나지 않았기에 때문에 평가를 주저하는 것일지 모른다.

2. 왕들에 대한 평가

열왕기는 남북 왕들에 대한 신명기적 기준에 의한 평가의 목록들을 제공한다. 그 기준은 신 17:14-20에서 제시된다. 신명기 저자는 17:14-20에서 왕들이 해선 안되는 금기 사항을 명시하기를, 왕들은 외국인이어서는 안되며 병마를 많이 만들기 위해 애굽으로 돌아가선 안되고 아내나 은금을 많이 두어서는 안된다고 말한다. 이처럼 왕들의 행위는 신명기 이념과 율법에 의해 제약된다. 그렇다면 긍정적인 의무는 무엇일까? 그것은 오직 토라에 대한 순종과 철저한 연구이다. 모두 열왕기서의 왕들은 모세 율법으로 표현되는 십계명과 신명기 율법의 구체적 조항들을 자신의 국가에서 이행하도록 노력해야 한다. 결국 신명기적 기준에 미달하는 왕들은 저자의 관점에서 철저히 악한 왕으로 분류될 것이다. 이 분류 기준에 의한 가장 악한 왕에 대한 진술은 "느밧의 아들 여로보암의 죄"에서 찾을 수 있다. 이는 거의 공통적으로 왕들을 평가하는 기준이다. 또한 두 왕국의 "왕" X는 "여호와의 눈에 악을 행하였다"는 표현이 자주 등장한다.

또 다른 중요한 신명기식 평가는 "그의 선조 다윗의 모든 길을 따라 걸었다."(예. 왕하 22:2) 혹은 "그의 선조 다윗이 행한 것"(예. 왕상 11:33), "그의 선조 다윗의 마음처럼"(예. 왕상 15:3)과 같은 표현 속에서 드러난다.(왕상9:4; 11:4, 6, 33; 15:3, 11; 왕하14:3; 16:2; 18:3; 20:5; 22:2) 이는 사무엘서와 달리 열왕기서의 저자는 다윗의 왕국과 다윗 언약에 대한 절대적인 신뢰를 주고 있음을 짐작케 한다.

저자는 극명하게 두 왕국의 왕들을 평가한다. 첫째, 북이스라엘 왕들에 대한 평가는 철저히 부정적이다. 모든 북이스라엘 왕들은 그들의 정치적, 외교적 성취와 관계없이 역사가에게서 최악의 평가를 받는다. 그 이유로는 북이스라엘 시조 여로보암이 금송아지상을 만들면서 새 종교를 위한 센터를 마련했고, 이로 인해 온 국가는 여호와 율법을 깨뜨렸기 때문이다. 이와 같은 종교적 배경하에서 북이스라엘 모든 왕들은 전임 왕들의 죄악을 반복하거나 확대시킬 뿐이다. 그들의 왕정은 끊임없이 반란과 암살이 이어지며 통치기간 내내 불안정한 국가로 남아있다. 특히 역사가는 오므리 왕조에 대한 강한 반감을 드러낸다. 오므리의 아들 아합은 가장 악한 왕의 상징으로 그려진다. 예후는 이러한 오므리 왕조를 종식시킨 왕으로 비교적 긍정적으로 그려진다.(9:1-10:11) 그리고 예후에서 베가까지 왕들은 오므리 왕조의 왕들에 비해 비교적 덜 부정적으로 비춰진다. 마지막 왕 호세아는 멸망의 직접적인 원인으로 묘사되진 않는다.

둘째, 남유다 왕들에 대한 평가는 대체로 긍정적이나, 이들의 만연한 죄악은 지적된다. 대체로 히스기야(왕하 20:12-19)는 긍정적으로 묘사되며, 특별하게 요시야는 가장 위대한 왕이자 모범적인 왕으로 묘사된다. 왕들에 대한 평가들은 대체로 긍정과 부정 패턴이 반복적으로 이어지며, 이와 같은 역사 인식은 사사기에서 배교-심판-구원의 패턴과 유사하다. 다윗 언약의 유효성으로 인해 유다 왕들의 권력은 유지되는 듯하나, 끊임없이 그들의 불의한 행위는 여호와의 진노를 일으킨다. 히스기야 시대 이전 왕인 르호보암, 아비얌, 여호람, 아하시야, 아달랴, 아하스는 악한 왕으로, 아사, 여호사밧, 요아스, 아마샤, 아사랴, 요담은 비교적 선한 왕들로 분류된다. 히스기야 시대로 오면, 점차로 히스기야와 요시야를 제외한 므낫세, 아몬, 여호아하스, 여호야김, 여호야긴, 시드기야는 악한 왕으로 여겨진다. 가장 명확하게 성전과 신명기 율법에 입각한 개혁에 성공한 것은 요시야 왕이 유일하다. 히스기야 왕조차도 그의 마지막 실수로 인해 일부 부정적 평가를 받는다. 므낫세는 바벨론에 의한 남유대 멸망에 직접적 원인을 제공한 자로 지목된다.

3. 예언자들의 시대

열왕기서는 초기 예언자들의 목소리를 대폭적으로 담아내고 있다. 왕들이 살았던 시대별 예언자들 목록은 아래와 같다.

- 왕상 1-왕하 13: 나단, 엘리야, 엘리사 (왕정 초기)
- 왕하 14-16, 18-20장: 앗수르 영향력 하에서 예언자들
    - 북 이스라엘: 아모스, 호세야
    - 남 유대: 이사야, 미가, 나훔
- 왕하 21-25장: 왕정 말기 그리고 바벨론하에서 예언자들
    - 예레미야, 에스겔, 스바냐, 학개

예언자들은 왕정에 대해 비판적 목소리를 내던 사람이었다. 이들은 왕정이 시작할 즈음에 본격적으로 활동하기 시작하며, 사무엘서에서 다윗에게 기름을 부었던 사무엘이 최초 예언자이다.(이전 모세 제외) 또한 다윗 시대에 활약한 갓과 나단이 대표적이다. 이들은 왕궁 주위에서 왕정을 떠받들던 세력들을 견제하면서 날카롭게 권력자들을 비판한다. 이들은 때로 왕정에 긍정적인 메시지를 던지기도 했으나 동시에 그들은 권력 중심부에서 소외된 자들이었다.

왕정 역사에서 "하나님의 사람들"로 묘사된 예언자들은 여호와의 계시를 직접적으로 전달하면서 왕권을 견고히 다지거나 견제한다. 즉 이들의 예언은 왕정의 흥망성쇠를 좌우하는 핵심 단서를 제공한다. 예를 들어 여로보암을 향한 아히야의 예언으로 그는 왕이 되나, 다시 여로보암을 향한 아히야의 예언은 바아사의 반란 속에서 성취된다. 바아사에 대한 예후의 계시는 시므리의 반역으로 성취된다.(왕상 16:1-7) 아합 시대는 그어떤 시절보다 압도적으로 예언자들이 다수 활동한다. 아합에 관한 엘리야의 계시는 예후에 의한 오므리 말살로 이어진다.(왕상 17-19장; 왕하 1-2장) 무명의 예언자들은 아합왕을 도와 아람과의 전쟁을 이기도록 돕지만, 아합의 죽음을 예견한다.(왕상 20장) 미가야는 거짓 예언자들의 틈바구니에서 아람과 전쟁 중 아합이 죽을 것을 예언하고 이는 즉각 성취된다.(왕상 22장) 엘리사는 예후를 왕으로 기름을 붓고 국가를 위험에서 구한다.(왕하 9:1-13; 13:14-21) 여로보암 2세의 치세에서 요나의 예언으로 이스라엘은 상당부분의 영토를 확장한다.(왕하 14:25) 이사야는 히스기야의 마지막 치세에서 범한 실책에 대해 바벨론에 의한 유대의 멸망을 예언한다.(왕하 20장) 요시야의 치하에서 여선지자 훌다의 유대 몰락에 대한 예언은 결국 바벨론 패망으로 연결된다.(왕하 22:14-20) 그리고 익명의 예언자의 여로보암에 대한 "하나님의 사람"의 벧엘 파괴에 대한 예언(왕상 13:2-34; 2절)은 북이스라엘까지 영토를 확장해 나간 요시야에 의해 실현된다.(왕하 23장) 예언자들은 왕국의 흥망성쇠에 핵심인 신적 메시지를 전달하는 자로써 그들의 예언은 반드시 성취된다. 이 예언자들의 모습은 정확히 신명기적 예언관을 반영한다.(신 18:20-22)

4. 비신명기적 요소들

열왕기는 신명기 역사서의 일부분으로 존재하나, 상당히 복합적 개념과 주제를 다룬다. 예를 들어 성전을 건축하는 자로써 솔로몬(왕상 5-8장)의 모습과 역사가의 솔로몬 말년의 부정적 모습(9-11장)은 크게 대조된다. 북이스라엘 아합왕은 이스라엘 역사 상 최악의 왕으로 묘사되지만, 이상하게도 아합의 회개를 통한 여호와의 일시적 용서 개념은 그의 비참한 죽음과 대비된다.(왕상 21:27-29; 22:29-40) 요시야왕은 여선지자 홀다로부터 평안히 죽을 것이라는 목소리를 듣지만, 그는 이집트 느보와의 싸움에서 갑작스럽게 죽임을 당한다. 가장 위대한 왕 요시야는 신명기 개혁에 성공했다. 그러나 왜 성전과 국가의 파멸을 막지 못했는가? 이점은 아이러니한 부분이다.

5. 문학적 구조

왕상 1:1-2:13은 승계 내러티브의 끝 부분이다. 솔로몬 내러티브(왕상 3-11장)가 마무리 되는 시점은 북이스라엘의 등장 과정과 사마리아 멸망의 역사까지(왕상 12-왕하 17장)의 역사로 이어진다. 열왕기서의 마지막 부분은 남유다와 성전의 멸망을 다룬다.(왕하 18-24장) 왕상 3-11장의 전반부인 3-8장은 솔로몬의 위대함에 대한 칭송이면서 사무엘상 16장에서부터 이어졌던 다윗-솔로몬 왕국 이야기의 마지막 부분이다. 열왕기상 9-11장은 솔로몬 왕국 쇠퇴에 대한 이야기로써, 이는 남북 분열 왕국의 원인을 알려준다.

전체적으로 열왕기서에서 성전은 주요 주제이며, 도입부의 솔로몬 성전 건축과 봉헌(왕상 5-8장)은 이후 요시야의 성전 개혁(왕하 22-23장)

과 성전의 파괴(24-25장)라는 두 결론부와 연결된다.

예후의 반란부터 북이스라엘 멸망까지 (왕하 9-17장)

[표. 열왕기서의 핵심 구조와 주제][16)]

솔로몬의 왕국 (왕상 1-11)	분열 왕국: 북이스라엘 탄생에서 멸망까지 (왕상 12-왕하17)	최후의 왕국: 남유다의 멸망까지(왕하 18-25)
구조		
늙고 신체가 불편한 다윗 (왕상 1:1), 솔로몬의 죽음 (왕상 11:43)	르호보암의 실정 (왕상 12:1) 죄악된 사마리아인들 (왕하 17:41)	히스기야 왕 (왕하 18:1) 복권된 여호야긴 (왕하 25:30)
주제		
지혜 (왕상 2, 6, 9; 3:12, 28; 5:9-11:14, 21, 26; 7:14; 10:4, 6-8, 23-24; 11:41)	여로보암의 죄악 (왕상 12:28-30; 13:33-34; 15:26, 30, 34; 16:2; …)	여호와의 눈에 옳은 일을 행함 (왕하 18:3; 22:2)

---

16) 에른스트 크나우프(Ernst A. Knauf), "열왕기 상하권," 『구약성경 입문 1』, 김건태 역, 수가대 신학총서 03-1 (화성시: 수원가톨릭대학교출판부, 2019), 551-52.

왕권확립 (왕상 2:12, 46; 9:5)	산당 (왕상 12:31; 14:23; 15:14)	여호와의 눈에 거슬리는 악한 일을 행함 (왕하 21:2, 20; 23:32, 37; 24:19)

6. 솔로몬으로 왕위 승계 (1–2장)

열왕기상의 시작은 늙고 노쇠한 다윗왕의 모습에서 시작하여 넷째아들 아도니야와 군대장관 요압, 제사장 아비아달의 반란 모의(왕상 1:7)로 왕이 된 모습을 보여준다. 이에 나단과 밧세바는 다윗을 설득하여 솔로몬을 왕위에 올리는데 성공한다.(왕상 1장) 다윗은 이 과정에서 아도니야의 반란을 일으키려는 상태에 무지한 무력한 모습을 보인다. 솔로몬에게 주는 다윗의 마지막 연설(2:1–9)은 수 1:1–9의 여호와의 명령과 유사하다. 여호와의 율법을 지킬 것을 솔로몬에게 당부하는 부분은 명확히 신명기적 메시지와 궤를 함께 한다.(2:1–4) 임종 직전의 다윗은 요압과 시므이를 제거할 것을 당부하고 솔로몬은 다윗의 죽음 이후 이를 실행한다.(왕상 2장) 특히, 아비아달의 죽음은 실로 집에 대한 예언적 말씀의 실현이다.(왕상 2:26–27) [17] 열왕기상 2장까지가 실제적인 승계 내러티브의 마지막이며, 곧이어 솔로몬 내러티브가 이어진다.

7. 솔로몬 내러티브 (왕상 3–11장)

솔로몬 내러티브(왕상 3–11장)의 전반부 3–8장은 솔로몬은 전성기의 모습을 9–11장은 그의 노년의 부정적인 모습을 서술한다. 솔로몬을 최고의 지혜자 반열에 올려놓은 것은 기브온에서 드렸던 제사에서 그가 드렸

---

17) 왕상 2:27은 엘리 가문의 후손 제사장 아히멜렉 (삼상 22:16–19)의 죽음에서 이미 예고된 것처럼, 엘리의 후손인 아비아달 역시 반역에 가담했다는 이유로 제사장직이 박탈된다.

던 기도였다. 솔로몬은 수많은 백성들을 재판할 때에 선악을 명백히 분별할 수 있는 "마음" 곧 지혜를 구하였으며, 여호와는 그의 이런 기도를 수락한다.(왕상 3:12) 여호와는 모든 왕들 가운데 엄청난 부귀와 영광을 솔로몬에게 주면서 왕의 조건으로써 그가 "다윗의 행함같이" 여호와의 길로 행하고 그의 법도와 명령을 지키라고 명령한다.(3:14) 이것은 다윗 언약을 신명기적 언약의 패러다임으로 전환하는 것으로 다윗은 "성실과 공의와 정직한 마음으로" 행동했고 이에 대한 응답으로 다윗의 왕국이 번성했다고 말한다.(3:6) 이어지는 내러티브 속에서는 솔로몬의 법률적 지혜의 위대함(3:16-28), 그의 왕궁 신하들의 리스트(4:1-19), 그리고 태평성대를 누렸던 통일 왕국의 모습(4:20-28; 특히, 25절)이 그려진다. 4장의 마지막은 3:4-15(기브온 산당 기도)와 대응되는데, 왕의 신적이고 백과사전식 지혜가 어떠한 국제적인 명성을 얻게 해 주었는지를 서술한다.(4:29-34) 또 다른 솔로몬 지혜 담론은 열왕기상 5장에서 등장한다. 두로왕 히람이 각종 건축기자재를 활용하여 성전 건축에 대하여 솔로몬과 계약을 맺고 온 이스라엘 가운데 역군을 일으킨다.(5:12)

6-8장까지는 솔로몬 내러티브의 하이라이트로 솔로몬은 여호와를 위한 성전을 건축하며, 법도/율례/계명, 곧 신명기적 언약이 지켜진다면 다윗의 언약이 솔로몬에게 이루어진다.(6:12-12) 열왕기상 7:14은 "놋쇠 대장장이" 히람(두로왕과 다른 사람; 대하 4:11에는 후람)을 불러들이며 그는 "지혜"를 소유한 사람으로 그려진다. 성전이 완공된 후, 언약궤가 마침내 제사장들에 의해 지성소로 옮겨지고, "구름"으로 상징되는 여호와의 영광이 마침내 성전에 가득하게 된다.(8:10-11) 솔로몬의 긴 기도와 연설에는 몇 가지 의미있는 내용이 존재한다.(8:12-61) 첫째, 다윗이 제

안했던 성전 건축은 마침내 여호와의 말씀대로 솔로몬에 의해서 이루어진다. 그 약속은 성취된다. 언약궤 속에는 호렙산에서 받았던 두 돌판이 있었고 그것은 마침내 지성소에 자리잡게 된다.(8:20-21) 둘째, 여호와의 신적 선택에 의한 성전 건축이후, 솔로몬에 의해서 언급되는 다윗의 언약은 신명기적으로 표현된다.(8:22-53) "네 자손이 자기 길을 삼가서 네가 내 앞에서 행한 것같이 내 앞에서 행하기만 하면 … 끊어지지 아니하리라."(8:25) 이후 솔로몬의 축복에서도 그는 이를 다시 한번 강조한다.(58, 61절) 셋째, 여호와는 성전에 거하시지 못하고 하늘에 거하시며 성전에는 그의 이름이 머무르게 된다.(예. 8:29, 30, 32, 43) 이는 포로기의 상황을 떠올리게 하며, 성전이 사라진 골라(디아스포라) 공동체는 이제 성전을 향하여(29절) 기도할 것이며 그들의 하나님은 하늘에서 그들의 기도를 들으시고 그들의 죄를 용서하고 그들이 다시금 "조상들에게 주신 땅"(34절)으로 귀환하게 하실 것이다. 넷째, 여호와에 대한 절대적인 충성과 예배가 요구된다.(23, 60절) "위로 하늘과 아래로 땅에 주와 같은 신이 없나이다."(8:23) 다섯째, 이방인들이라 하더라도 이 성전을 향하여 기도할 때, 여호와는 하늘에서 듣고 응답하실 것이다.(8:41-43)

마지막으로 솔로몬의 긴 기도와 연설들이 마무리 된 이후에 그는 성대한 화목제의 희생 제물을 드리면서 봉헌식은 마무리된다.(8:62-66) 이는 포로후기 제사장적 모습을 강조한다. 솔로몬 내러티브에서 3-8장까지는 주로 솔로몬에 대한 긍정적 관점을 강조한다. 그럼에도 솔로몬이 애굽의 왕 바로의 딸과 결혼하고 산당에서 제사하며 분향한 모습(3:1-3; 9:16)은 이후에 이어지게 될 그의 부정적 모습을 엿보여 준다.(3:1-3)

9장 이후는 본격적으로 솔로몬 왕국의 쇠퇴의 증후들을 증언한다. 왕상9:1-9는 신적 현현이 다시 솔로몬에게 임하고 다윗이 그랬던 것처럼 율법을 지키고 다른 신을 섬기지 말라고 경고한다. 이어지는 부분은 연속적으로 히람이 솔로몬이 내린 보상을 대해 만족해하지 않으며(9:12), 여러 국가의 거대 건축 사업에 동원되는 이방인들의 모습이 묘사된다.(9:15-25) 곧이어 스바의 여왕이 솔로몬을 방문하고 예루살렘의 화려함과 솔로몬의 지혜를 칭송하고 돌아간다.(10:1-13) 솔로몬 제국의 무역의 성과와 왕의 엄청난 재물 그리고 무수한 병거와 마병을 묘사한다. 솔로몬의 지혜는 이러한 국내외의 그의 위상을 보여줄 뿐만 아니라, 11장에서 그의 패망의 단초가 된다.(10:26-29) 11:1-13은 이방 여인과의 관계를 통해 그의 아버지 다윗의 길을 걷는데 실패한 솔로몬을 말한다. 이방 여인들과의 관계는 그가 여호와를 떠나게 했고 여호와는 이 일에 대해 진노하고 그의 나라를 신하에게 줄 것이라 말한다. 솔로몬의 실패는 이후 요시야왕의 업적에 대한 묘사에서 다시 등장하고 요시야는 배교로 인하여 망가진 국가를 회복시킨다.(왕하 23:13; 왕상 11:5-8) 뿐만 아니라, 솔로몬의 생전에 그의 대적인 에돔인 하닷과 수리아 왕 르손, 그리고 솔로몬의 신하 여로보암이 솔로몬 왕국의 대적이 되어 이들을 괴롭힌다.(11:14-25) 이렇게 솔로몬의 마지막은 철저히 여호와와 이스라엘간의 언약을 깨뜨리고 되돌릴 수 없는 범죄를 저지른 결과로 인해 고통받는다. 결국 이로 인해서 남북은 분단되는 비극을 맞이한다.

8. 북이스라엘과 남유다.(왕상 12-왕하17)

이 섹션에서는 북이스라엘의 출현에서 사마리아 정복까지 역사를 정리한다.

분열왕국에서 오므리 왕국까지 (왕상 12-16장)

에브라임 족속 여로보암은 실로의 예언자 아히야를 만나고 열 지파 (유다와 시므온 제외)를 여로보암에게 주겠다는 예언자 아히야의 예언을 받는다.(11:26-40) 다윗의 등불은 다윗의 자손을 통해 일부 유지될 것이나, 여로보암이 다윗의 길로 행하면 다윗에게 행한 것을 여로보암에게 행할 것이라 약속한다.(11:34-39) 따라서 어떤 면에서 여로보암은 다윗의 언약을 잇는 자로써 잠시 언급된다. 여로보암과 이스라엘 회중은 르호보암에게 토목 공사의 멍에를 가볍게 해 달라고 말하지만, 르호보암은 솔로몬의 지혜자들의 조언을 버리고 자신의 친구들의 조언을 따라 백성들에 대한 압제를 멈추지 않는다.(12:1-15)

르호보암은 유다와 베냐민 지파와 함께 이스라엘 족속과 전쟁 직전의 상황에 이르나, "하나님 사람" 스마야의 예언을 듣고 전쟁을 포기한다.(12:21-24) 이후, 여로보암은 이스라엘 왕으로 세움을 받은 즉시 벧엘과 단 두 곳에 여호와의 이미지를 본 딴 두 금송아지 상을 건설한다.(12:28-29) 그것은 북이스라엘 백성들이 예루살렘 성전으로 예배를 드리기 위해 올라가는 것을 경계하기 위함이었고, 이에 더해 레위인이 아닌 일반인을 제사장으로 삼고 유사 절기를 만들고 분향한다.(12:25-33) 이는 결국 솔로몬에 의해 건립된 성전을 반대하는 것으로 여로보암은 북이스라엘인들의 마음을 이끄는 혁신적인 종교를 고안해 낸 것이다. 이는 출애굽기 32장의 아론과 백성들에 의한 금송아지 사건과 비견되며, 신명기 12-26장이 지향하는 여호와에 의해 선택된 한 곳에서의 예배를 명령하는 신명기적 율법과 대치된다.

"하나님의 사람"이라 불리는 예언자가 등장하여 여로보암의 제사 행위와 벧엘 제단을 향한 비판적인 예언이 선포된다.(13장) 이 때, 요시야가 행하게 될 사건들이 예언된다.(13:2) 하지만 이 예언자는 떡도 물도 마시지 말고 돌아가라는 명령을 받았음에도(13:9), 벧엘의 늙은 선지자의 속임에 빠져 명령을 어기게 되고 사자에 의해 죽임을 당한다.(13:26) 여로보암의 죄악(13:33-34)은 형상, 금송아지, 지방 산당, 일반인 제사장과 절기들을 만든 것이었고, 이는 북이스라엘의 왕들에게서 반복적으로 등장한다. 곧이어 실로의 예언자 아히야가 재등장하고 여로보암 가계의 멸망을 선언한다.(14:1-18)

여로보암과 르호보암의 죽음 이후 역사는 북이스라엘과 남유다 왕들의 연대의 기록들을 나열한다.(왕상 15-왕하 17) 이 연대기적 배열에서 비교적 유다 왕들에 대한 기록들이 이스라엘 왕들에 대한 기록들보다 더 자세한 자료들을 제공하고 있는 점이 눈에 띈다. 북이스라엘 왕들의 경우에는 왕위 찬탈의 잔인한 치정과 혁명이 연이어 등장한다. 예를 들어, 바아사는 나답을 살해하고 반란에 성공하고(왕상 15:27, 28), 신하인 시므리는 엘라를 살해하고(16:9-12), 지휘관 오므리는 스스로 왕이 되고 시므리는 죽음을 맞이하고(16:15-18), 디브니와 오므리의 권력 암투 끝에 오므리가 왕위에 오른다.(16:21-22) 야베스의 아들 살룸은 스가랴를 반역하여 그를 죽이고 왕좌에 오르고(왕하 15:10), 므나헴은 살룸을 죽이고 왕이 되며(15:14, 16), 장관의 아들 베가 또한 반역하여 므나헴을 죽이고 왕이 되며(15:25), 마지막으로 호세아의 반역으로 베가는 죽고 왕이 된다.(15:30a) 이 왕위 찬탈의 끝없는 역사는 남유다가 아닌 북이스라엘에 해당되며, 이는 북이스라엘의 불안정한 정치적 상황과 멸망을 향해 달려가는 죄악된 상태를 반영한다. 신명기역사가는 당시의 구체적 정치 상황이나 경제적 부흥을 말하지 않으며 왕들의 통치의 위대함을 칭송하지 않고 오직 그들의 범죄함과 그들이 어떠한 종교적 관점을 가졌는지에 대해서만 간략히 서술한다.

남유다 왕들의 경우, 다윗 언약에 의해 국가가 안정된 것으로 말한다. 또한 유다왕들의 기사들에는 예루살렘의 성전의 기물들과 보물들과 관련된 에피소드들이 존재하며, 이는 기울어져 가는 국가의 상황을 역설적으로 보여준다. 예를 들어 르호보암의 통치 시절, 애굽 왕 시삭에 의해 성전과 왕궁의 보물들이 빼앗겼다고 기록한다.(왕상 14:25-28) 또한 유다 왕 아비얌(왕하 15:1-8)은 르호보암의 죄악을 그대로 행하고 여호와 앞에서도 온전하지 못하였지만, 다윗으로 인해 그의 나라는 견고하게 되었다. 가장 개혁적이며 다윗처럼 정직하게 행한 유다왕은 아사왕으로, 그는 북이스라엘 바아사와 전쟁을 치르면서 성전과 왕궁 곳간에 있는 것들로 아람왕에게 도움을 청한다.(왕상 17:20)

역사가는 오므리 시절 사마리아 산 위에 성읍을 건축한 사건을 언급(왕상 16:25)하였고, 이곳은 결국 북왕국의 수도가 된다.

엘리야 사이클 (왕상 17-왕하 2:18)

아합왕은 오므리 왕조의 계승자로써 22년간 통치하면서 가장 많은 분량의 역사적 기록을 포함하고 있다. 그는 강력한 반 앗수르 진영을 형성한 왕이었으나, 신명기역사가는 그를 이전의 왕들보다 더욱 여호와의 분노를 산 왕으로 묘사한다.(16:33) 그는 본격적으로 수도인 사마리아를 중심으로 통치하였고, 시돈왕의 딸 이세벨을 부인으로 삼고 제단을 쌓아 바알을 숭배하고 아세라 상을 만든 왕이었다. 이는 직접적으로 솔로몬왕의 이방 여인들과의 결혼과 배교를 떠올리게 한다. 더구나 여리고 성의 재건의 배경으로 아합왕의 지원이 있었을 것을 상상케 만드는데,[18] 이 여리고 프로젝트로 히엘의 막내아들 스굽이 죽고 이는 곧 예언의 성취로 묘사된다.(16:34) 아합왕의 기록은 예언자 엘리야의 사역이 종료되는 왕하2:18에서 끝난다.

왕상 17장에서 왕하 2:18까지는 아합왕과 그의 통치에 저항하는 예언자 집단의 활약이다. 첫번째 에피소드는 가뭄과 관련된다. 비가 내리지 않는 가뭄의 상태는 비를 통제하는 바알의 부재를 함의하며[19], 가뭄에 대한 예언적 선포는 신상이 아닌 실제로 살아있는 여호와의 능력에 대한 선포이다. 요단 앞 그릿 시냇가에서 까마귀들이 가져오는 떡과 고기를 먹고 생존하는 엘리야의 모습은 여호와의 돌보심을 확인할 수 있다. 둘째는 시돈의 사르밧 과부의 떡 가루와 기름이 끊어지지 않는 기적이다. 예언자와 이 여인의 식구는 가뭄의 위기에도 함께 생존할 수 있었다. 셋째는 이 여인의 죽은 아들의 부활이다. 이 기사의 마지막에 여인은 "당신은 하나님의 사람이시요 당신의 입에 있는 여호와의 말씀이 진실한 줄 아노라."(17:24) 시돈은 이스라엘 땅이 아닌 이방땅이지만, 이 이방에서도 여호와의 능력이 행해짐을 입증한다.

열왕기상 18장은 바알의 선지자들과 엘리야간의 전쟁을 묘사한다. 오바댜 선지자의 요청으로 갈멜산에서 바알과 아세라의 850명 선지자와의 대결에서 여호와는 불로써 엘리야의 제단에 응답한다. 바알 선지자들

---

18) Mordechai Cogan, *I Kings: A New Translation with Introduction and Commentary*, AB 10 (New York: Doubleday, 2001), 418.

19) Iain Provan, *1&2 Kings*, *Understanding the Bible Commentary Series* (Grand Rapid: Baker, 2012), 132.

을 숙청한 이후 엘리야의 기도는 큰 비를 불러오고 엘리야는 광야로 도망한다. 로뎀나무에서 죽길 바라는 엘리야는 천사가 준 떡과 물을 먹고 호렙산에 이른다. 여호와는 하사엘, 예후, 엘리사에게 각각 기름을 붓게 하고 미래를 준비하게 한다.(19:1-18)

가뭄이라는 배경에서 벗어난 엘리야에 대한 이야기는 왕들의 에피소드와 재결합한다.(20장) 여기서의 아합왕은 악한 왕과 멀어보이기도 한다. 첫째, 아람의 벤하닷과 이스라엘의 전쟁에서 아합왕은 무명의 선지자의 예언을 듣게 되고 이를 통해 대승을 거두게 된다.(20:1-34) 그러나 한 선지자는 자신의 경험을 통해 아합이 벤하닷을 처단하지 않았기에 여호와의 말씀이 실현되지 않음에 대해서 보복이 있을 것임을 선언한다. 둘째, 이스르엘 사람 나봇은 아름다운 포도원이 소유하였고 아합은 이를 갖고자 한다. 나봇은 "내 조상의 유산을 왕에게 주기를 여호와께서 금하실지로다"(21:3)고 말하면서 정당한 주장을 편다. 그러나 이세벨은 나봇의 장로와 귀족들과의 모락을 통해 나봇에 대한 거짓 뉴스로 그를 죽이라고 명령한다. 엘리야는 아합의 집안과 이세벨에게 내릴 재앙을 선언한다.(21:17-26) 금식하는 아합과 이에 대해 여호와의 호의적인 반응은 낯설다. 셋째, 유다의 여호사밧왕과 이스라엘의 왕(아합왕)은 길르앗 라못에서 아람왕과 전투하기 전에 미가야라는 예언자를 만나서 여호와의 생각을 질문한다.(22:5) 시드기야와 다른 선지자들과 달리 미가야는 하나님의 메시지를 전달한다. 그 내용은 천상의 회의에서 길르앗 라못에서 아합을 꾀어서 죽게 할 영을 선정하고, 그 중 한 영이 거짓을 말하는 영이 되어서 선지자들의 입에 되겠고 아합은 그들의 예언을 듣고 전투에 나가 죽을 것임을 예언한다. 그의 예언은 결국 성취되어 아합은 죽고 그의 피는

개들에 의해서 핥게 된다.(22:37-38)

열왕기하의 첫 에피소드는 아하시야가 병이 들어 에그론의 신 바알세붑에게 병의 치료에 대해 문의하며 엘리야는 그가 죽을 것을 예언한다.(왕하 1:1-18) 이제 하늘로 올라간 엘리야의 뒤를 이어 엘리사는 공식적인 사역을 시작한다.(2:1-18)

엘리사 사이클 (왕하 2:19-8:29)

그의 첫 번째 사역은 물의 근원을 고치는 일이었다.(2:19-22) 이스라엘의 여호람과 유다의 여호사밧 그리고 에돔 왕의 연합군은 모압과의 전쟁에서 물이 없었고 엘리사를 통한 하나님의 기적으로 충분한 물을 공급받아 전쟁에서 승리한다.(3:1-27) 4장은 엘리사가 보여준 4가지 기적의 리스트를 나열한다. 첫째, 빈곤한 과부의 그릇을 기름으로 채운다.(4:1-7) 둘째, 음식을 제공한 수넴 여인에게 자녀의 축복을 빌어준다.(4:8-17) 셋째, 열사병으로 죽은 아이를 살린다.(4:18-37) 넷째, 흉년에 굶주린 사람들을 구제한다.(38-44) 엘리사의 전쟁의 승리를 위한 물의 공급과 함께 4장은 백성들의 빈곤과 출산과 죽음 그리고 기근의 상황에서 예언자 집단이 어떻게 반응했는지를 보여준다. 이는 정확히 가뭄의 시간에 엘리야가 했던 사역과 비견된다.(왕상 17장)

5장은 엘리사 사역이 국제적으로 확대됨을 보여준다. 아람 왕의 군대 장관 나아만은 나병에 걸리고 노예로 부리는 이스라엘 여종은 엘리사가 그 병을 고칠 수 있을 것이라는 믿음을 드러낸다. 엘리사의 집에 찾아간 나아만은 요단 강에 몸을 7차례 씻으라는 말을 듣고 잠시 분노를 표출한 이후 이에 순종하여 어린 아이의 살처럼 회복이 된다. 개인적인 이익을 위해서는 예언자적 직분을 감당하지 않았던 엘리사는 나아만의 예물을 거부하고, 나아만은 여호와에게 희생 제사를 드릴 것이라고 고백하고 돌아간다.(5:15) 하지만 물질에 대한 탐욕에 불탔던 게하시는 나아만에게 개별적으로 대가를 받고, 이에 나병이 들게 된다. 이방인이었던 나아만은 이스라엘 하나님의 위대함을 인지하고 진정한 회심자로 변화된다.(5:15-18) 나아만과 그의 이스라엘 여종의 확신과 왕의 불신앙과 게하시의 탐욕은 대비를 이룬다.

요단강에 관한 에피소드는 엘리사의 제자들이 나무를 베면서 쇠도끼를 물에 빠뜨리고 엘리사는 이를 건져내기 위해 나뭇가지를 베어서 물에 던지고 곧이어 쇠도끼는 떠오른다는 내용이다.(6:1-7) 엘리사는 아람과의 전쟁에서 사환의 눈을 열어 여호와의 군대를 보게도 하고 아람군의 눈을 어둡게 하여 보지 못하게 하면서 전쟁을 승리로 이끈다.(6:8-23) 하사엘은 아람 왕 벤하닷의 병의 치유를 위해 엘리사를 방문하고 하사엘이 왕이 될 것을 예언한다.(8:7-15) 하사엘은 벤하닷을 죽이고 왕이 된다.

신명기역사가는 오므리 왕가의 악을 신랄하게 비판하며, 유다 왕가에 아합의 딸(오므리의 손녀)인 아달랴가 시집을 온 여호람왕의 시대를 여호와 보시기에 악한 시대로 묘사한다.(8:18) 또한 그녀의 아들 아하시야와 역시 "아합의 집과 같이 여호와 보시기에 악을 행하였다"고 기록한다.(8:27)

예후의 반란과 사마리아의 멸망 (왕하 9-17장)

열왕기하 9-17장까지는 예후의 반란과 사마리아 멸망까지의 역사가 이어진다. 엘리사가 보낸 제자가 예후에게 기름을 붓고 아합 집안을 멸절

할 것을 지시한다. 아람왕 아사헬과 전쟁 중이던 요람과 유다 왕 아하시
야는 각각 죽임을 당하고, 요람은 나봇 사건에서 엘리야에 의해서 예언되
었듯 나봇의 밭에 버려진다.(왕하 9:25-26; 왕상 21:19-24; 참조. 왕상
22:38) 이세벨 역시 예언대로 이스르엘 토지에서 개들의 먹잇감이 되고
(왕하 9:36; 왕상 21:23), 예후는 아합의 남은 아들들과 귀족들, 제사장
들을 모두 다 살해한다.(10:1-11) 그는 유다왕 아하시야(아달랴의 아들)
의 형제들 42명도 함께 죽였다. 예후는 계속해서 남은 바알 숭배자들을
멸하였으나, "여로보암의 죄"에서 떠나지는 않았다.(10:28-31) 전반적으
로 역사가는 예후에 대해서는 아합 왕가에 대해서 징벌했다는 연유로 긍
정적인 어조를 가진다.

특히 이 기간에 언급되어야 할 유다 왕들은 부정과 긍정의 패턴으로
드러난다. 먼저, 르호보암과 아비얌(왕상 14-15장)의 부정적 평가에 이어
서 아사와 여호사밧(왕상 15, 22장)은 긍정적 평가를 했다.

이제 남유다의 3명의 왕은 유다의 역사에서 극악한 왕으로 여겨지는
여호람, 아하시야, 그리고 아달랴이다.(8:16-9:29) 아달랴는 페니키아인
의 피를 갖고 있는 아합의 딸이었고 여호람의 부인이 되며, 이로 인해 남
유다는 북이스라엘 왕들의 길을 걸으며 아합의 집과 같이 되었다고 말한
다.(왕하 9:18) 유다 왕 아하시야 역시 동일하게 그는 아합의 아들인 요람
과 함께 하사엘(아람왕)과 전투 중, 요람과 아하시야는 모두 예후에 의해
죽임을 당한다.(왕하 9장) 역사가는 아달랴를 여왕으로 인정하지 않으며
철저하게 그녀가 제거되어야 한다고 말한다.(11:1-16) 여호야다의 군대에
의해 아달랴가 결국 죽고, 바알의 사제들과 신상이 파괴되며(11:18), 이는
이후 요아스 개혁(왕하 12:1-21)과 요시야 개혁의 시초가 된다.

이 세 왕을 뒤이은 네 왕들은 요아스(12:1-14, 18-21), 아마샤(14:1-22), 아사랴(15:1-7) 요담(15:32-38)에 대한 평가는 매우 긍정적이다. 특히, 열왕기의 유대 왕들의 기사들에서 눈에 띄는 왕은 요아스이다. 그의 성전 수리의 지시와 개혁은 요시야의 것에 필적할 만하다.(왕하 12:1-21) 성전이 파괴된 곳에 은을 온전히 사용하고 아람왕 하사엘 침공시 성전과 왕궁의 재물로 조공을 바친다. 성전의 침공은 이스라엘 왕 요아스가 아마샤의 유다를 침공했을 때 재등장하며, 예루살렘 성벽을 헐고 재물을 탈취하는 사건이 눈에 띈다.(14:8-14) 아마샤는 선지자 요나를 통해 땅을 회복하게 된다.(14:25)

북이스라엘의 멸망 이전 유다의 마지막 왕은 아하스로, 그는 가장 악한 왕 중 하나로 평가된다.(16:1-20) 그는 인신 제사를 드리면서(3절), 성전과 왕궁의 보물을 앗수르왕에게 바치며 굴종한다. 더구나 다메섹 제단의 모습을 본떠 예루살렘 성전이 아닌 새로운 제단을 만든다.(10-18절)

북이스라엘 마지막 왕은 호세아(17:1-6)로, 앗수르의 왕 살만에셀에게 호세아는 조공을 보내었고, 잠시 앗수르가 아닌 애굽에 조공을 보내면서 앗수르 왕은 호세아를 옥에 가두고 사마리아를 점령하고 일부 이스라엘인들을 "할라와 하볼", 즉 니느웨 인근 지역과 "메대 사람의 여러 고을"로 이주시킨다.(17:6)

신명기역사가는 17:7-23에서는 신명기에서 사마리아 멸망과 유다의 멸망까지 사건들을 총정리한다. 이 연설문은 신명기 역사서의 요약 연설문 리스트인 신 1-30장, 수 1, 23장, 삿 2:6-23, 삼상 12장, 왕상 8장, 왕하 17:7-23 마지막을 장식한다. 출애굽한 이스라엘이 다른 신들을 섬기며 배역하고 산당을 세우고 우상을 숭배한 역사를 정리한다. 특히 북이스라엘의 여로보암이 행한 모든 죄인 "두 송아지 형상을 부어 만들고" "아세라 목상"을 제작하고, "일월 성신", "바알"을 섬기는 일에 대해서 논평한다. 그들은 결국 앗수르에 의해서 멸망을 당하고 앗수르에 잡혀게 되었다. 즉, 여호와는 이스라엘에게 분노하시고 그들을 제거한 것이다.(17:18) 유다의 경우에도 이스라엘의 관행에 따라 쫓아내실 것임을 확언한다.(17:19-20).전형적인 신명기역사가에 의한 요약문은 남유다의 멸망 이후(열왕기상 25장)에는 등장하지 않으며, 열왕기상17장이 실제 신명기역사서 최후 요약문이다.

9. 남유다의 멸망 (왕하 18장-25장)

열왕기하 18-25장은 남겨진 남유다가 멸망할 때까지의 역사를 진술한다. 역사가의 관점에서 남북의 모든 왕들을 통틀어 가장 신명기 사가의 관점에서 이상적이고 다윗왕의 모습을 닮은 왕은 히스기야와 요시야 뿐이다.

히스기야에 대한 역사가의 평가는 이렇다. "그의 조상 다윗의 모든 행위와 같이 여호와께서 보시기에 정직하게 행하여"(왕하 18:3) "이스라엘 하나님 여호와를 의지하였는데 그의 전후 유다 여러 왕 중에 그러한 자가 없었다."(18:5) 히스기야는 산당들과 주상들 그리고 아세라와 모세가 만든 놋뱀을 제거하고(18:4), 그가 여호와와 연합하고 떠나지 않았고 모세의 계명을 지켰고 이에 여호와는 그와 함께 하였다.(18:6-7) 히스기야는 앗수르 왕 산헤립에게 성전과 왕궁의 은, 성전의 금을 벗겨 조공으로 바친다.(18:14-16) 그러나 산헤립은 예루살렘을 공격하기 위해 다르단, 랍사리스, 랍사게와 함께 대군을 보낸다. 이 때, 랍세게는 오만하게도 "여호와를 신뢰하라"는 히스기야를 믿지 말라 경고하면서 앗수르 왕에게 항복하라고 말한다.(18:28-31) 이에 여호와는 이사야를 통해 자신과 다윗을 위해서 예루살렘을 보호할 것이라 말한다.(19:21-28) 히스기야는 질병으로 인하여 통곡하여 기도하였고 하나님은 그의 생명을 15년 연장시킨다.(20:5-6) 하지만 히스기야는 므로닥발라단(사 39:1)이 보낸 사자에게 자신의 보물을 자랑하였고 이에 이사야는 바벨론에 의한 침공을 예언한다.(20:12-21)

히스기야의 뒤를 잇는 므낫세와 아몬은 악한 왕으로 평가된다. 먼저, 므낫세는 남유다의 모든 왕들 중에 55년이라는 가장 오랫동안 장기 통치를 한 왕이었으며, 가장 악한 왕으로 그려진다.(21:1-18) 므낫세는 올바른 제사와 예배를 가장 심각하게 더럽혔으며, 신명기적 율법을 크게 훼손한 왕으로 그가 행한 모든 우상숭배자로써의 행위들은 정확하게 신명기 율법들이 금지하는 것들이었다. "므낫세가 이 가증한 일과 악을 행함이 그전에 있던 아모리 사람들의 행위보다 더욱 심하였고 또 그들의 우상으로 유다를 범죄하게 하였도다"(21:11) 토라의 말씀에 대한 므낫세의 불순종은 결국 직접적인 바벨론의 의한 멸망의 원인이 되었다.(참조. 21:10-15; 23:26-27) 흥미로운 부분은 므낫세가 저지른 죄악의 목록은 신명기의 혁명적 율법이 금지한 것의 목록과 유사하다는 점이다.[20]

[표. 므낫세 왕의 악행의 목록과 신명기 율법의 대응]

므낫세 왕의 악행 목록	신명기 율법이 제시하는 개혁 목록
왕하 21:2 이방인의 가증한 일	신 18:9 민족들의 가증한 행위
왕하 21: 3,7 아세라 상 제작	신 16:21 아세라 상 세우지 말것

---

20) 아래에 뢰머의 테이블을 변경 및 인용하다. Römer, *The So-Called Deuteronomistic History*, 160.

왕하 21:3,5 일월성신 숭배, 제단	신 17:3 일월성신을 숭배
왕하 21:6 아들을 불 가운데 … 점치며 사술을 행하며 신접한 자와 박수를 신임	18:10-11 아들이나 딸을 불 가운데로 지나게 … 점쟁이나 길흉을 말하는 자나 요술하는 자나 무당이나 진언자나 신접자나 박수나 초혼자…
16 무죄한 자의 피를 심히 많이 흘려	신 19:10 무죄한 피를 흘리지 말라 (21:8-9)

아몬왕 역시 므낫세에 버금가는 악한 왕으로 아몬에 대한 진술은 사사 시대를 연상시킨다. 다음의 구절은 사사기 2:12와 평행을 형성한다. "아몬이 그의 아버지 므낫세의 행함같이 여호와 보시기에 악을 행하되 … 그의 조상들의 하나님 여호와를 버리고 그 길로 행하지 아니하더니"(왕하 21:20-22) 즉, 요시야를 제외한 유다의 왕들은 대부분 사사들이 활동하던 시대와 마찬가지로 타락한 시대였다.

요시야 왕에 대한 역사가의 평가는 이렇다. "여호와 보시기에 정직히 행하여 그의 조상 다윗의 모든 길로 행하고 좌우로 치우치지 아니하였더라."(22:2) 요시야는 솔로몬이 행했던 성전의 건축과 봉헌에 버금가는 성전 수리 작업을 한 것으로 개혁을 시작한다. 왕의 지시로 서기관 사반과 힐기야는 성전을 수리하고, 성전에서 발견된 율법책은 왕에게 읽혀진다. 여기서 발견된 책이 신명기 초본이라는 견해가 있었으나, 최근에는 이 주장은 크게 지지받지 못할 뿐만 아니라, 이 율법 문서가 정확히 신명기의 어떤 범위일지도 확정할 수 없다. 이 책의 말씀을 듣지도 행하지도 않았으므로 신적 진노가 임하였음을 깨닫고 훌다에게 이를 알린다. 이에 여호와는 그의 간구를 들었으며 요시야는 조상들의 묘실에 평안하게 들어갈 것이라고 말한다.(22:14-20) 요시야는 언약책을 읽으면서 "마음을 다하고 뜻을 다하여 여호와께 순종하고 그의 계명과 법도와 율례를 지켜 이 책에 기록된 이 언약의 말씀을 이루게 하리라"고 말한다.(23:3) 이는 그가 쉐마 이스라엘의 신명기의 이상에 가장 근접한 왕임을 증언해 준다. 요시야는 철저히 모든 이방 제사의 관습을 철폐하고 그들의 제사장들을 폐하길, 과거 여로보암에게 예언했던 "하나님의 사람"의 예언을 실현하는데, 이 위대한 왕은 벧엘에 세운 제단과 산당을 폐한다.(왕하 23:15-20; 왕상13:2) 즉, 요시야는 하나님의 예언을 성취한 자이며, 북이스라엘의 배교의 문제를 해결한 자이다. 요시야는 유월절을 복구하면서 "모세의 모든 율법"을 지킨 전무후무한 왕으로 기록된다.(21-23절) 하지만 그의 위대한 개혁에도 불구하고 유다를 향한 여호와의 진노를 막지 못하고, 유다와 성전을 함께 버릴 것에 대한 신적 진노를 피하지는 못한다.(23:26-27) 아이러니하게도 요시야는 이집트 왕 느고가 올라 왔을 때 참여한 전쟁에서 죽임을 당하고 그의 시대는 종결된다.(23:29-30)

요시야 사후는 실제적 포로기는 시작된 것이나 다름이 없었다. 여호아하스, 여호야김, 여호야긴, 시드기야에 대한 구체적인 죄악상이 고발되지는 않지만, 모두 "X가 그의 조상들이 행한 모든 일을 따라서 여호와 보시기에 악을 행했다"라는 진술로 그들의 악함을 드러낸다. 히스기야는 여호와의 도움으로 앗수르를 극복했지만, 이 왕들의 시대는 여호와가 직접 심판의 도구로 바벨론을 자신의 군대로 사용하기 때문에 이를 막을 수 없었다.

먼저, 이집트의 느고는 신하들이 세운 여호아하스를 폐위하고 유배시키고 그는 거기서 죽음을 맞이하며, 요시야의 다른 아들 엘리아김(여호야김)은 다음 왕으로 세워진다. 이후, 바벨론 느부갓네살의 통치하에 놓였던 유다는 일시적으로 이집트와 함께 반-바벨론 진영을 형성하지만, 결국 바벨론의 시리아-팔레스타인 원정으로 예루살렘은 포위를 당하게 되고 여호야김은 사망한다. 뒤이은 여호와김의 아들 여호야긴은 느부갓네살의 공격과 함께 멸망을 당하고 성전과 왕궁의 보물들이 옮겨지고 성전의 금 그릇이 파괴된다.(24:8-13) 이 바벨론의 1차 침공에서 왕궁의 신하들과 내시들과 여러 기술자들은 여호야긴과 함께 바벨론으로 유배된다.(24:14-16; 기원전 597년) 이미 한 국가가 멸망한 상황에서 바벨론은 허수아비 총독인 맛다디야(시드기야)를 세우는데, 그는 악을 행하고 바벨론을 배반한다. 이에 다시 바벨론의 2차 침공이 이어지고 시드기야의 아들들은 죽임을 당하고 두 눈이 뽑히고 바벨론으로 끌려가고 예루살렘은 완전히 파괴된다. 바벨론인들은 솔로몬 성전의 기구들을 가져가며 신하들과 서기관들과 고위관직인들을 2차로 유배시킨다.(25:8-20) 역사가는 이렇게 말한다. "유다가 사로잡혀 본토에서 떠났더라."(25:21b) 일시적으로 바벨론 정부는 사반의 손자인 그달리야를 미스바에서 지도자로 세우지만, 왕족 이스마엘에 의해 죽임을 당하고 이 일에 가담한 자들은 애굽으로 망명하게 된다.(25:22-26)

역사서의 마지막은 어떠할까? 역사가는 여호야긴이 얼마후 옥에서 풀여나며 지위가 회복되고 바벨론 왕의 은총을 입는 장면을 삽입한다.(25:27-28) 이 장면만으로 미래의 희망을 말하기는 어렵다. 하지만 역사가가 미래에 일어날 일들에 대해 긍정도 부정도 하지 않는 열린 결말을 취하고 있다고 보는 편이 좋을 것이다.

10. 신학적 함의들

첫째, 열왕기서 왕들의 연대기는 인간 왕들의 실패로 이루어진 역사이다. 하나님 나라의 그림에 가장 근접했던 솔로몬 왕정의 전성기는 결국 그의 타락과 함께 실패로 끝났다. 하나님이 선택한 북이스라엘 최초의 왕 여로보암은 금송아지와 새로운 종교를 만들었고, 아합은 이방 여인과 결혼했고 이방 종교를 따랐다. 남유다 히스기야 왕은 다윗의 길을 좇았지만, 열방에 자신의 부를 과시함으로써 멸망의 단초를 놓았다. 수많은 왕들의 실패는(요시야의 입지전적인 개혁에도 불구하고) 무수한 왕들의 모델로써는 하나님 나라를 이룰 수 없다는 하나의 교훈을 남겼다. 이를 통해 더욱 신약 성서의 "왕"으로 임하실 그리스도를 대망하게 만든다.

둘째, 왕국의 흥망성쇠에 대한 예언들은 역사가 어떻게 성취되어져 가는지를 보여준다. 예언자들의 등장은 열왕기서의 가장 두드러진 부분으로 거의 대다수의 내러티브들이 예언자들에 의해 시작되고 얽혀있다. 왕권이 서고 넘어지는 것은 예언자들의 심판에 대한 예언에 의해 예측되고 실현된다. 그것은 반드시 성취될 수 밖에 없는 여호와의 주권적 사역을 말한다. 반란과 살해 속에 왕들이 등장하고 수많은 인물들이 정치 현실에 뛰어들지만, 왕국의 종결은 여호와의 손에 달렸다. 유대의 멸망이 말해주는 바는 결국 이스라엘의 적국인 바벨론을 도구로 사용하여 하나님 자신의 백성을 심판했다는 것이다. 그 심판은 막을 수 없다. 다시말해, 신명기 역사서는 예언적 이데올로기 속에서 기술된다.(신 18:18) 오직 참된 예언자의 예언만이 계시를 성취시킨다. 결국 계시가 성취되었다는 것, 예언이 성취되었다는 것은 국가의 파괴를 의미한다.

셋째, 신명기 역사가는 유대와 성전 파괴의 원인을 여호와와 맺은 언약을 깨뜨린 것에서 찾는다. 왕들의 정치, 경제적, 외교적 치적에 대해 역사가는 관심이 없다. 그들이 관심을 두는 것은 왕들이 신명기적 율법(신명기 1-30장)에 기초한 절대적인 여호와에 대한 충성과 예배 그리고 이방 종교에 대한 배척을 실행했는가이다. 저자가 보기에 왕들의 악한지의 여부는 신명기 언약과 직결되며 그것의 첫 번째로 예루살렘 성전에서의 예배에 있다. 신명기는 오직 여호와가 선택한 "한 곳"인 예루살렘에서의 예배를 명령했다.(신 12장) 따라서 예루살렘 밖 벧엘에서 예배를 드렸던 북이스라엘 왕들은 모두 타락한 왕들이다. 두 번째는 신명기 율법에 명시된 대로 그들은 다른 신상들과 우상들을 만들고 숭배하는 것이 금지된다. 이는 신명기 5 –11장의 율법에 대한 위반이다. 이 두 가지가 개선되지 않은 상태의 어떤 왕들도 여호와의 심판에서 벗어날 수 없었다.

남유다의 왕들은 북이스라엘 왕들에 비해 비교적 긍정적인 평가를 받았지만, 요시야와 히스기야(요아스)를 제외한 거의 모든 왕들은 긍정적 판단을 받지 못했다. 왜 이 두 왕은 긍정적으로 평가되는가? 요시야 왕의 성전 개혁의 모습은 두 가지의 시사점을 준다. 일차적으로 요시야의 시대에 그가 행했던 다윗왕에 비견되는 개혁활동이다. 또한, 그의 성전 개혁과 신명기적 율법정신으로의 회귀는 6세기 포로기 백성들이 복구해야만 하는 시대 정신이었다. 다시금 십계명의 정신을 회복하고 모세의 율법을 지키고 이방 신상을 철거하는 것만이 회복의 길임을 역사는 말해준다.

역사가는 마지막에 예루살렘 성전의(왕궁의) 여러 기구들이 어떻게 외부로 빠져나가고 약탈되었는지 결국 파괴되었는지를 기록한다.(24:13; 25:9-10, 13-17) 이는 매우 흥미로운 부분으로, 예루살렘 성전과 왕궁의 부는 점차로 사라져가고 이는 유다의 쇠락을 암시한다. 이 쇠락의 핵심에는 왕들의 우상 숭배와 배교가 있다. 예를 들어 유대왕 아하스는 성전과 왕궁의 금으로 앗수르 왕에게 조공을 바쳤으며, 이에 더하여 다메섹의 제단을 본떠 제단을 만든다.(왕하 16장)

이처럼 쇠약해져 가는 성전과 국가의 모습을 개혁한 왕은 요시야이다. 그는 지방 산당을 말끔히 제거했으며 여호와의 성전의 모든 이교도적인 행위를 없애고 우상 숭배자들을 제거하였다. 북이스라엘 배교의 원흉인 벧엘 제단을 파괴하고 이방 종교의 관습을 폐하고, 여로보암의 흔적을 지운다. 요시야는 율법책을 다시 복구시키고 여호와와 백성들간의 언약을 회복시켰다. 요시야의 이 모습은 다윗과 같은 메시야로 그를 인식하게 만든다.

넷째, 성전은 사라졌지만, 신명기 역사가는 지속적으로 회개와 기도를 통한 회심의 필요성을 강조한다. 솔로몬의 성전 기도가 중요한 이유가 여기에 있다. 유배 정황 속에서 어떻게 국가를 회복해야 하는지에 대한 단서를 제공한다. 솔로몬은 여호와가 이제 더 이상 성전에만 머무를 수 없고, 여호와는 하늘에 계셔서 자신들의 기도를 들으신다고 말한다.(왕상 8:27-53) 솔로몬은 마치 미래의 바벨론 멸망과 포로됨을 예견하듯이 이렇게 말한다.

> 그들이 사로잡혀 간 땅에서 스스로 깨닫고 그 사로잡은 자의 땅에서 돌이켜 주께 간구하기를 우리가 범죄하여 반역을 향하며 악을 지었나이다 하며 자기를 사로잡아 간 적국의 땅에서 온 마음과 온 뜻으로 주께 돌아와서 주께서 그들의 조상들에게 주신 땅 곧 주께서 택하신 성읍과 내가 주의 이름을 위하여 건축한 성전 있는 쪽을 향하여 주께 기도하거든 주는 계신 곳 하늘에서 그들의 기도와 간구를 들으시고 …
>
> (왕상 8:47-49)

이 구문은 포로로 잡혀간 자들이 성전을 향하여 드리는 기도를 연상케 한다. 그들은 제사를 드릴 수 없으며 그 어떠한 제의를 행할 수 없다. 솔로몬의 성전과 언약궤는 사라졌다. 이제 남은 자들은 어떻게 하나님을 대면하고 죄 용서를 경험할 수 있는가? 역사가는 그들이 다시 기도할 때, 여호와께서 용서해 주시고 불쌍히 여기시도록 회개할 것을 도전한다. 벧엘도 예루살렘도 아닌 완전히 이스라엘 밖에서의 예배에 대한 단서는 포로기 디아스포라 공동체 상황을 암시한다.

나아가, 솔로몬의 기도에서 우리는 이방인들의 회심에 대한 단서들을 발견한다. "주의 백성 이스라엘에 속하지 아니한 자 곧 주의 이름을 위하여 먼 지방에서 온 이방인이라도 … 기도하거든 주는 계신 곳 하늘에서 들으시고 이방인이 주께 부르짖는 대로 이루사 땅의 만민이 주의 이름을 알고 주의 백성 이스라엘처럼 경외하게 하시오며"(왕상 8:41-43) 이는 배타적인 유대인만의 신이 아닌 모든 나라들에도 구원이 베풀어지는 선교적 공동체를 표상한다. 예를 들어서, 시돈의 사르밧 과부에게 일어난 일(왕상 17:8-9, 24)은 시돈 사르밧이라는 이방 땅을 방문하여 기근과 죽음 앞에서 여호와 신앙을 통한 기적을 보여준다. 사르밧의 과부는 이렇게 고백한다. "내가 이제야 당신은 하나님의 사람이시요 당신의 입에 있는 여호와의 말씀이 진실한 줄 아노라."(왕상 17:24) 이스라엘의 대적 아람의 군대장관 나아만은 나병이 치료된 후 이렇게 고백한다. "내가 이제 이스라엘 외에는 온 천하에 신이 없는 줄을 아나이다."(왕하 5:15) 사르밧 과부와 아람의 나아만의 회심 이야기는 한 영혼의 변화의 중요성을 우리에게 알려준다.

제5강 에스라-느헤미야: 성전 공동체의 시작

1. 포로후기의 기록, 에스라-느헤미야

에스라-느헤미야는 스룹바벨, 에스라, 느헤미야의 팔레스타인 귀환, 성전 재건, 이스라엘 재건에 관한 이야기이다. 페르시아 황제 고레스(키루스) 칙령과 함께 본격적인 포로 귀환이 이루어진 기원전 538-400년경에 일어난 사건들을 배경으로 한다. 특히 느헤미야와 에스라가 활약한 450-400년경 예루살렘이 주요 배경이다. 에스라-느헤미야는 바벨론 포로기가 종료된 이후, 디아스포라의 귀환 공동체의 상황에 대해 알려주는 거의 유일한 책이다.

에스라-느헤미야는 히브리어 성경에서는 한 권의 책으로 구성된다. 타나크(토라 [모세오경], 네비임 [예언서], 케투빔 [성문서; 시, 다섯책, 기타])에서 케투빔의 마지막 3권이 바로 다니엘, 에스라-느헤미야, 역대기이다. 에스라-느헤미야-역대기(디브레 하야밈)의 순으로 위치함으로써 역대기는 에스라-느헤미야 뒤에 놓여진다. 에스라서는 다니엘서와 함께 일부가 아람어로 기록된다.

이전 학자들은 이 역대기, 에스라, 느헤미야가 하나의 역사적 관점에서 기록된 문헌으로 생각했다. 하지만, 최근 연구들은 이에 의문을 제기한다. 역대기는 기본적으로 에스라-느헤미야에서도 보여지는 북이스라엘과의 마찰을 묘사하지만, 역대기에서 북왕국은 에스라-느헤미야보다 훨씬 더 긍정적이며, 외국인들까지도 이스라엘 백성으로 생각한다.(대하

30:25) 21) 덧붙여 역대기는 다윗 왕조를 강조하며, 보상 개념, 성전, 예언이 역대기에는 크게 평가된다.22)

역대하 마지막은 "바사의 고레스 왕 원년에 여호와께서 예레미야의 입으로 하신 말씀을 이루시려고 …"(대하 36:22-23)로 끝나며, 스 1:1-3에서 이 구문들이 그대로 반복된다. 제롬의 라틴어 Vulgate 성경이 제작된 기원후 4세기경에 에스라-느헤미야는 두 권의 책으로 분리된다. 칠십인역(LXX)에서는 에스라-느헤미야 한 권으로 구성되며, 여기에는 에스드라 1서(1 Esdra)가 별도로 추가된 부분과 함께 제시된다.

[표. 에스라-느헤미여, 에스드라서의 사본들 비교]

Masoretic Hebrew	Greek (LXX)	Latin (Vulgate)	English
에스라 -느헤미야	에스드라 B	에스드라 I	에스라
		에스드라 II	느헤미야
–	에스드라 A	에스드라 III	에스드라 I
	––	에스드라 IV	에스드라 II

2. 역대기-에스라-느헤미야

개신교 성경에서 에스라-느헤미야는 역대기 다음에 연대기적으로 연결되어 있지만, 사실 두 문헌의 신학적 스펙트럼은 구분된다.

역대기에서 에스라-느헤미야까지 역사는 아담에서 아브라함까지 족보에서 시작하여 사울-다윗-솔로몬을 지나 왕들의 연대 그리고 북이스라엘과 남유다의 최종 멸망, 그리고 기원전 400년경 세스바살, 스룹바벨, 에스라와 느헤미야의 귀환 이야기를 다룬다. 이 방대한 역사는 우선 신명

---

21) 필리페 아바디(Philippe Abadie), "역대기 상하권," 『구약성경 입문 2』, 김건태 역, 수가대 신학총서 03-1 (화성시: 수원가톨릭대학교출판부, 2019), 235.

22) 아바디, "역대기 상하권," 236.

기 역사서와 다르다. 신명기 역사서는 바벨론의 멸망 부분에서 즉각 종결되나, 역대기는 기원전 538년의 포로에서의 귀환이라는 희망과 회복의 관점을 보여준다. 역대기는 제사장 문헌의 영향을 받은 것으로 보이며(예를 들어 창세기-출애굽기-레위기-민수기-일부 신명기의 제사장과 관련된 문헌들), 성막과 성전 중심 신학 관점을 드러낸다. 제사장 문헌들은 고대 일반 인류의 역사, 족장시대, 출애굽의 서사, 제사법과 광야에서의 체험들을 다루며 이들의 역사인식은 더욱 고대 전통으로 돌아가려는 경향이 강하다.

역대기에서 다윗 왕조의 두 왕은 신명기 역사서의 모습과 다르다. 사울의 비중이 대폭 줄었으며 다윗과 솔로몬은 성전의 건축을 준비하는 위대한 왕으로 부각시킨다. 상대적으로 다윗의 부정적인 모습은 축소되었다. 다윗이 사울과 대립각을 세우며 광야를 떠도는 모습, 밧세바와 우리아에 대한 이야기, 전쟁과 왕국 내부 권력암투에 대한 이야기는 생략된다. 다윗은 오로지 성전을 준비했던 왕이다. 솔로몬 노년의 배교에 대한 실책은 기록되지 않으며, 오직 성전 건축자로써 다윗의 승계자로써 면모만이 드러난다. 이러한 역대기 저자의 관점은 제사장 중심의 신학적 패러다임을 엿보게 만든다.

그렇다면, 역대기의 핵심 주제에는 어떤 것이 있을까?[23] 첫째, 왕, 유다 지파의 사람들, 레위인들이 전면적으로 등장하고 한 민족과 국가로써 단일성을 그린다. 이 때, 예배는 중요하다. 사울로 인해 지우고 싶은 과거 역사(유배; 대상 9:35-10:14), 현재 진행되는 변화와 개혁(다윗), 미래의 종말적 완성(솔로몬)은 함께 연결된다. 르호보암과 아하스의 악함과 히스

---

23) 아바디, "역대기 상하권," 240-44.

기야와 요시야는 상호 대비를 이룬다. 다윗-솔로몬 성전에서 드려지는 기도는 예배적 부름을 함의한다.(대상 22, 28, 29) 최종적인 회개에 대한 연설(대하 13:4-12; 30:6-9)과 대하 7:13-14은 여호와의 직접적인 계시로써 재앙의 때에 여호와의 백성들이 회개하고 기도할 때 택한 성전을 거룩하게 하고 그곳에 임재할 것을 약속한다.

둘째, 제 2성전기의 레위인들은 다윗 왕가의 역사를 새롭게 재해석한다. 다윗은 예배적 환경에서 레위인 성가대원들과 함께 나타난다.(대상 15:2, 16-24) 신정제도는 이 예배 속에서 복원될 것이다. 이와 같은 흐름은 신명기 역사서와도 다르며, 제사장적(에스겔 44장) 흐름과도 다른 레위인들에 대한 것으로 보인다. 레위인들은 이제 자신들을 왕의 고위 후원자로서의 자리에 올리면서 아론계 제사장과 대립한다.

역대기의 전체 문학적 구조는 아래와 같다.

1. 족보 (역대상 1-9)
    1.1. 아담에서 이스라엘까지 (역대상 1)
        1.1.1. 노아의 자손 (1:4-27)
        1.1.2. 이스라엘의 자손 (1:28-54)
            1.1.2.1. 이스라엘의 아들들 (2:1-8:40)
            1.1.2.2. 유배에서 예루살렘으로 귀환한 사람들 (9:1-44)
    1.2. 이스라엘의 후손들 (역대상 2-9)
2. 사울, 다윗, 솔로몬: 하나의 국가 이스라엘 (역대상 10-역대하 9)
    2.1. 사울: 악한 왕의 예 (역대상 10)
    2.2. 다윗: 성전을 예비한 왕 (역대상 11-29)
    2.3. 솔로몬: 성전을 건축한 왕 (역대하 1-9)

3. 솔로몬의 후계자들: 분열된 국가 이스라엘 (역대하 10-36)

   3.1. 르호보암에서 아하스까지: 분단된 국가의 결과 (역대하 10-28)

   3.2. 히스기야에서 시드기야까지: 멸망, 유배, 회복 (역대하 29-36)

3. 후기 포로기 시대와 에스라-느헤미야

후기 포로기의 역사적 사건들과 이에 따른 에스라, 느헤미야의 귀환 그리고 아케메니드 시대의 왕들의 이름은 아래와 같다.

[표. 페르시아-헬레니즘 시대의 사건들과 에스라-느헤미야의 연대][24]

시간	사건	예언자들	통치자
539	바벨론 제국에 대한 페르시아의 정복		페르시아 고레스 2세 (550-530)
538	페르시아 황제 고레스 칙령: 귀환의 명령 1차 포로 귀환		캄비세스 (530-522)
532	성전회복의 시작과 좌절		
520-515	성전재건 시작: 스룹바벨		다리우스 1세 (522-486)
	에스라 귀환 (?) (448)	학개, 스가랴 1-9 말라기 (500-450)	아하수에로 (크세르크세스) (486-465) 아닥사스다 1세 (465-424)
445-425	느헤미야의 귀환과 성벽재건 사역 (느헤미야 회고록) 에스라 귀환 (?) (428)		아닥사스다. (446?)
			크세르크세스 2세 (423) 다리우스 2세 (423-404)
397(8)	에스라의 귀환 (?), 토라 강조 (정결, 빚, 외국인과의 이혼문제)		아닥사스다 2세 (404-358)
332	헬라제국의 시대 개막		
142-63	하스모니안 독립 국가 시작		

---

24) 다음 책을 참고하고 변형하여 작성한다. Hugh G. M. *Williamson*, *Ezra*, *Nehemiah*, WBC 16 (Waco Texas: Word Books, 1985); Ezra and Nehemiah (Sheffield: JSOT Press, 1987).

	에스라-느헤미야? 에스더?		
63	로마제국의 팔레스타인 통치 시작		

누가 먼저 도착했을까?

에스라 귀환시기에 대한 학문적 논란은 여전히 해결되지 않았다. 기원전 458 혹은 428 혹은 398년으로 다양하게 에스라 귀환 시기를 추정한다.(앤더슨, 744; 윌리엄슨) 에스라가 언제 왔는지에 대한 일관된 기록이 없다. 이에 반해 느헤미야의 귀환시기가 기원전 445-425, 아닥사스다 1세 20년째(느 2:1)라는 이 추정 연대에 대체로 학자들이 동의를 한다. 따라서 에스라가 언제 예루살렘에 도착했는지에 따라 느헤미야가 먼저 도착했을수도 이후에 도착할 수도 있다. 다음의 세 가지 경우의 수를 생각해 보자.

첫째, 에스라가 기원전 458년 경 도착했다는 관점이 있다. 스 7:1, 7-8에는 페르시아 아닥사스다 왕 제 칠 년째 칙령에 의해 에스라가 예루살렘으로 귀환한 것으로 기록되어 있다. 그렇다면 느헤미야는 아닥사스다 왕 2세(404-358)가 아닌 1세(465-424)이어야만 한다. 하지만 이러한 연대 측정은 느헤미야 8장에서 갑자기 등장하고 사라지는 에스라에 대한 설명을 원만하게 할 수 없다는 단점이 있다.

둘째, 에스라가 도착한 시기를 기원전 428년 경으로 볼 수 있다. 일부 학자들은 스 7:7의 제 칠 년을 "30"이 생략된 것으로 보면서, 아닥사스다 왕의 통치 37년 경, 즉 기원전 428년경에 도착한 것으로 본다. 이 시기는 느헤미야와 에스라 사역이 느헤미야 8장에서 중복되는 이유를 설명할 수 있게 한다. 느헤미야가 도착한 445년에서 17년 이후에나 에스라는 도착하게 된다. 이 경우에 에스라는 느헤미야 이후에 오는 것이 되기 때문에,

왜 에스라서에서 느헤미야가 전혀 언급되지 않는가라는 의문이 생긴다.

셋째, 만약 에스라가 받은 칙령이 아닥사스다 왕 2세(기원전 404-358)에 의한 것이라면, 에스라가 귀환한 시기는 대략 기원전 39(7)8년경이 된다. 즉, 에스라 7:7에서 왕은 아닥사스다 2세(404-358)이며, 느헤미야 활동 시기에 비해 무려 28년 이후에 도착한 것이 된다. 이 추정이 가능한 이유는 스 9:9에서 성전과 함께 울타리 건축을 언급하고 있기 때문이다. 이는 둘째 경우에 비해 설득력이 있다. 느헤미야서를 보면(느헤미야 8장 제외), 에스라에 대한 언급이 없다. 에스라 개혁 성과에 대한 평가나 언급은 느헤미야서에서 완전히 생략된다. 또한 귀환자 리스트를 서술하는 느 7장 목록에서 스룹바벨과 관련된 5만명의 리스트만을 나열하고 있다.(참조. 에스라 2장)

에스라와 느헤미야 사이의 도착 연대에 대한 논쟁은 진행 중이다. 이 연대 차이는 현대인의 시각에서 이치에 맞지 않게 보인다. 하지만 고대인들에게 이것이 큰 의미가 없었고 독해에 큰 문제가 되지 않을지도 모른다. 느헤미야 8장의 에스라의 토라 낭독은 갑작스러운데, 형성사적으로 느헤미야 전통의 일부는 아니며, 에스라 8-9장 사이에 위치하는 것이 더 정확해 보인다.

핵심 주제

에스라-느헤미야 주제는 "누가 참된 이스라엘인가"이다. 포로에서부터 귀환한 공동체는 귀환 이후부터 거주민들과 여러 갈등을 겪었다. 이 속에서 에스라-느헤미야는 진정한 이스라엘이 되기 위해 무엇이 필요한지 그 조건을 알려준다. 그 첫 조건은 토라에 따른 순종이다. 이 율법에 대한 순종을 위해 필요한 것은 회개이다. 또한 이방 여인과 유월절에 대한 문제가 대두된다.

둘째는 성전 중심의 예배 공동체로써 이스라엘은 중요하다. 에스라서는 진정한 예배 공동체를 만들어 가는 과정을 그리고 느헤미야는 성전을 둘러싼 성벽의 건설과 거주지의 환경을 조성하고 레위인들을 지원함으로써 성전 중심 공동체를 꿈꾼다.

4. 문학적 구조

학자들은 그 범위에는 차이가 있지만, 에스라서와 느헤미야서가 실제 존재하던 일인칭으로 기록된 느헤미야와 에스더 회고록을 후대 저자가 참고하여 작성한 것으로 본다. 느헤미야 회고록은 보통 느 1:1-7:73a; 11:1-2; 12:27-43; 13:4-31(주로 8-10장을 제외한 부분)이라고 본다. 에스라 회고록은 스 7:27-9:15(참조. 스 7:10-10:24; 느 7:73b-9:5)으로 보여진다. 느헤미야 8장은 확실히 에스라에 속한 자료로, 에스라서와 느헤미야서는 두 개혁가가 활동한 시기가 겹치는 것으로 추정된다.

4. 바벨론에서 귀환과 성전재건(스 1:1-6:22)

4.1. 귀환의 준비 (1:1-2:70)

　　4.1.1. 최초의 귀환의 소식 (1:1-11)

　　　　4.1.1.1. 고레스의 귀환 명령 (2-4)

　　　　4.1.1.2. 유다의 지도자 세스바살의 귀환 (9-11a)

　　4.1.2. 귀환자들의 리스트 (2:1-70)

4.2. 극렬한 저항 속에서 성전건축 (3:1-6:22)

　　4.2.1. 성전 건축 준비 (3:1-13)

　　4.2.2. 사마리아인들의 모함으로 중단된 건축 (4:1-24) [다리우스 후대 왕들

5. 바벨론에서 귀환과 성전재건 (스 1:1-6:22)

에스라 1장은 페르시아 황제(바사) 고레스의 귀환 명령과 함께 시작한
다. 이 명령의 핵심은 유대 민족의 "예루살렘 성전" 건축이다.(스 1:2) 이
를 위해 남은 유대인들은 재건을 위해 예물을 제공해야 한다.(1:4) 이 이
방인 황제의 명령의 배후에는 예레미야의 예언의 성취라는 신적 동기가
작용하며, 고레스의 마음을 움직인 이 행위는 이스라엘 구원의 시작점이
된다.(1:1)

이 때, 예레미야의 예언의 성취로써 바사왕 고레스의 조서(BC 538년)
가 선언된다.(1:1) 회복에 대한 예레미야의 예언은 "70"이라는 숫자로 표
현되고, 이런 연유로 이 예언의 시작은 BC 608이 된다. "70"과 관계된 예
레미야의 예언은 렘 25:11-12; 29:10에 등장한다. 하지만 이 예언의 성취
를 어떻게 보느냐에 따라서 다르게 볼 수 있다.

첫째, 70년을 바벨론에 의한 유다의 정복 전체로 본다면 그 시작 시점
은 대략 요시야 왕(640-609)이 사망한 609년에서 바벨론 멸망인 539년
까지로 생각할 수 있다.(렘 25:11-12; 29:10) 둘째, 포로로 잡혀가 있다
귀환한 기간을 70년으로 본다면, 느부갓네살2세(605-562)의 원년 605

년경 여호야김 시절에서 시작하여 포로로 귀환한 538년 까지로 생각해 볼 수 있을 것이다.(대하 36:20-21; 단 9:1-2) 셋째, 유다와 예루살렘에 대한 여호와의 분노가 종결되는 시점으로 본다면, 586년 예루사렘의 완전한 파괴에서 성전이 다시 세워지는 515년으로 생각할 수 있다.(슥 1:12; 7:5)

현재 에스라 1:1에서 예언의 성취는 추정컨대 첫 번째 케이스에 해당한다.

귀환자 리스트에는 유다와 베냐민 족장들, 제사장들과 레위인들이며 이들은 자신들의 보물을 바쳤고 고레스는 바벨론 제국 시절 탈취했던 솔로몬 성전 기구들을 유다 총독 세스바살에게 내어주었다고 말한다.(1:8) 세스바살이 정확히 어떤 사람인지 다른 곳에는 드러나지 않지만, 그는 "유다의 왕자"25)였으며(1:8, 11) 금은 접시들을 가지고 예루살렘으로 귀환한 후 성전의 부지를 놓고 건설에 참여한 자였던 것으로 보인다.(5:14, 16) 세스바살은 페르시아 제국 통치 하에서 임명된 최초 총독이었을 것이다. 세스바살은 "샤마쉬는 아버지를 보호한다"는 뜻을 가진 바벨론 이름이지만, 세스바살은 마치 모세처럼 출애굽하여 약속의 땅으로 돌아가는 인물로 그려진다. 그의 귀환에서 그는 마치 민수기 7:84-86에서 광야 여정에서 금은 그릇을 나르는 자와 같이 보이고, "나시"(왕자, 지휘관; 개역개정에서는 "총독")라는 수식어는 그를 구원을 가져올 다윗과 같은 자로 보게 만든다.(겔 34:24; 37:25; 44:3-48:22)

에스라 2장에서는 바벨론 포로에서 귀환한 자들의 리스크가 서술된

---

25) 세스바살은 명백히 스룹바벨과 다른 인물이며, 유다왕가의 후손인지는 불명확하다. Williamson, *Ezra Nehemiah*, 17-18.

다. 스룹바벨, 예수아, 느헤미야, 스라야, 르엘라야, 모르드게 등 일반인 리스트가 먼저 등장한다.(3-35절) 이어서 제사장들(36-39), 레위인들(40), 노래하는 자들(41), 문지기들(42), 기타 성전과 왕궁에서 수종드는 자들26)(43-58; 대상 9:2), 그리고 정확한 계보를 알 수 없는 사람들(59-63), 총 인원의 합계(64-67), 그리고 성전 공사의 예물과 요약(68-70)이 제시된다. 이 리스트에서 정확한 계보가 공개되지 않은 사람들은 포로기를 거치면서 그 출신 집단과 지정학적 기원을 밝힐 수 없는 사람들로, 이렇게 출신 성분을 명확히 말할 수 없는 자들에 대한 어떤 차별적 요소가 작동한 것으로 보인다.(예. 2:61-63) 이는 긍정적으로 보자면 유대교의 토라의 정신에 대한 충실함으로 이해할 수 있겠으나, 부정적으로 평가하면 이스라엘의 인종적 순혈주의와 외국인에 대한 배타적 시선이 함께 반영된 것이다.(62-63절) 뿐만 아니라 귀환자들의 대다수는 제사장들과 성전과 관련된 자들임을 알 수 있으며, 이는 귀환 공동체가 이후 이어질 "구별됨", "성별"과 관련된 이념을 강조하는 바탕이 된다.

   본격적 성전 건축을 위한 준비 작업이 스룹바벨과 제사장 예수아에 의해 수행된다.(3:1-13) 이 때, 성전의 기초를 놓으면서 "다윗의 규례"를 따라 여호와를 찬양하고 기쁨의 소리와 슬픔의 통곡이 함께 들린다. 하지만 이 성전 건축은 즉각적으로 시련을 겪게 된다. 유배지에서 돌아와 제2성전 건축에 열을 올리던 귀환 공동체를 방해한 것은 남아 있던 토착 세력이었다. 당시 그 땅에 살던 토착민들(에살핫돈 앗수르 왕에 의한 강제 이주자들)은 귀환 공동체에게 함께 성전 건축에 참여하게 허락해 줄 것을

---

26) 43절의 느디님 사람들은 번역하면 성전의 종들을 의미한다.

요구한다.(4:1-2) 그러나 스룹바벨과 예수아와 기타 족장들은 "우리 하나님의 성전을 건축하는데 너희는 상관이 없느니라 … 우리가 .. 여호와를 위하여 홀로 건축하리라"(4:3)고 말하면서 이들을 배제한다. 4:4은 이들을 "그 땅 백성"이라고 말하며, 이들이 고레스시대부터 다리오가 즉위할 때까지 뇌물로 관리들을 관리하면서 성전 건축을 방해한 자들이라고 서술한다.(4:5) 이후 사마리아의 계속된 방해와 거짓 보고로 페르시아 왕은 성전 건축의 중단을 명령하고, 캄비세스(532-522년)에서 다리우스 1세까지 성전 재건은 중단된다.(4:5) 현재 4:6-24에 등장하는 아닥사스다 왕과 아하수에로 왕에 대한 기록(4:6-7)은 일부 연대상의 오류로 기록된 것으로 보인다.27)

에스라 5장부터 중단된 성전 건설은 학개와 스가랴의 격려에 의해 다시 재개된다.(520년경) 당시 총독 닷드네와 스달보스내와 함께 하던 자들이 다리오에게 편지를 써 공사에 대한 동의를 얻는다.(스 5:7-17) 두 예언서는 이 과정을 이렇게 서술한다. 학개는 스룹바벨과 대제사장 예수아에게 여호와의 말씀을 전달한다. "너희가 이때에 판벽한 집에 거주하는 것이 옳으냐"(학 1:4)고 말한다. 여호와의 메시지가 임하여 "스스로 굳세게 할지어다"고 격려하고, 이에 감동한 이들은 성전 공사를 마무리한다.(다리오 왕 제 2년; 학 1:12) 스가랴 역시 예수아를 향하여 "싹이라 이름하는 사람이 자기 곳에서 돋아나서 여호와의 전을 건축하리라"고 예언한다.(슥 1:12; 참조. 3:8; 사 11:1) 학개와 스가랴가 전하는 소망의 메시지는 포로후기의 메시아에 대한 대망과 맥을 같이 한다.

---

27) 또한 학개 1:1-6에서는 성전 기초가 다리우스 2년으로 기록되고, 에스라는 고레스 2년 (스 3:6-13)로 기록됐지만, 역대기 저자들이 기록한 고레스 2년은 수정되어야 한다.(참고, 앤더슨, 732)

이어 다리오 왕의 신속한 지원으로 마침내 성전은 완공된다.(6:13-15; 기원전 520-515) 유배에서 돌아온 공동체의 특징은 제사장적 의식 그리고 구별된 이스라엘이라는 의식과 관련이 있다. 이것은 그들이 성전이 완공된 이후에 취한 행동에서 확연히 드러난다.

첫째, 이 완공이 끝나고 즉각 백성들은 봉헌식을 올리며, 이들은 "모세의 책에 기록된 대로" 제사장들과 레위인들은 속죄제를 드리고 여호와를 섬기게 된다.(6:16-18) 둘째, 제사장들과 레위인들은 각각 자신의 몸을 정결하게 만들고 스스로를 구별하여 유월절과 무교절을 지켰다.(6:19-22)

6. 에스라의 사역 (스 7-10)

역대상 6:1-15 [MT 대상5:27-41]에서는 레위지파의 제사장 아론 계열의 후손들을 나열하며, 에스라는 스라야의 아들로 아론계 대제사장의 라인에 속한다. 에스라를 묘사하는 표현은 몇 가지 면에서 독특하다.

첫째, 그는 대제사장 직계에 속하는 자로써 "모세의 율법"에 능통하며(7:6) 이를 연구하고 지키며 이를 가르치는 자이다.(7:10-11) 둘째, 그는 페르시아 왕으로부터 전폭적인 신뢰와 지원을 받는 자이다.(7:6) 왕의 조서에서 그가 성전을 온전히 섬기기 위해 필요한 모든 것들을 제공할 것을 명시한다.(7:12-24) 셋째, 에스라는 신적 지혜를 따라 율법을 아는 "법관과 재판관"을 임명하고 재판케 하는 사법권과 그들을 가르치는 특수한 임무를 부여받았다.(7:25) 넷째, 에스라는 이스라엘 하나님의 명령을 왕의 명령과 동등하게 실행하고 집행할 수 있는 전권을 부여받았다.(7:26) 에스라와 함께 바벨론에서 귀환한 지도자 목록은 제사장

(8:2a-b), 왕족(8:2c), 그리고 일반인(8:3-14)으로 구성된다. 이는 마치 이집트에서 탈출했던 시절을 떠올리게 하면서, 그의 귀환을 두 번째 출애굽처럼 보이게 한다.(8:1-14,)[28]

나아가 에스라는 부족한 레위 자손들을 성공적으로 모은다.(8:15-20) 에스라는 귀환의 과정에서 왕의 군대의 보호를 거절하고 금식을 선포하고 여행의 안전을 위해서 기도한다.(8:21-23) 뿐만 아니라 제사장 12명과 레위인 12명을 구별하며 이들은 왕과 지도자들이 준 성전에 드릴 예물들을 나르게 될 자들로써 스스로 행위를 거룩하게 지켜야만 했다.(8:24-30) 이러한 명령은 제사장으로써 에스라 사명의 특수성을 보여준다.

출애굽기와 레위기는 이러한 성전기물에 대한 그리고 제사장들과 레위인들에 대한 성별의 주제와 맞닿아 있다.(참조. 출 29:1, 36; 30:29; 39:30; 레 21:6; 민 3:12-13)[29] 에스라는 마침내 여행을 시작하는데 대적과 매복한 자에게서 여호와의 보호를 경험하고 마침내 성전의 예물을 드리고 번제물을 드린다.(8:31-35)

예루살렘에 도착한 에스라는 이스라엘 백성들이 그 땅의 이방인들과 머무르고 그들과 함께 가증한 일을 행하였으며, 이방 여인들과 혼인이 만연했다는 사실을 알고 하나님께 기도한다.(9장) 그들은 성전을 건축한 이후에도 여전히 조상들의 죄악을 반복하면서 이방인들의 문화에 젖어들고 결정적으로 통혼하여서 에스라는 이에 철저한 회개를 한다.(9:11-14) 대체적으로 에스라는 페르시아 친화적이나 현재의 페르시아 치하의 예후의 상황은 자신들의 죄의 결과라는 인식을 가진다.(9:7; 참조. 9:36-37)

---

28) Williamson, *Ezra Nehemiah*, 111.
29) Williamson, *Ezra Nehemiah*, 119.

그렇다면 모세의 율법은 이방 여인과의 통혼에 대해 무엇이라 말하나? 일반적으로 이와 연관되어 언급되는 오경 텍스트는 신명기 23:1-8이다. 이 신명기 본문에서 암몬인들, 모압인들은 영원히 이스라엘에 속하지 못하지만, 에돔인들과 애굽 사람들은 그렇지 않다. 따라서 신명기 토라가 막연히 모든 이방 여인들과의 결혼을 금지한 것이 아니다. 또한 오경의 여러 부분들에서는 이방 여인들과 결혼한 사례들을 자연스레 접할 수가 있다. 가장 대표적인 사례가 애굽인이었던 하갈과 아브라함(창 16:1-2)이고, 요셉 역시 이집트 제사장의 딸과 결혼하였으며,(41:45) 모세는 미디안 제사장의 딸 십보라(출 2:21)와 구스 여인과 결혼하였고,(민 12:1) 다윗은 이방 여인들과 자유로이 결혼하였다.(삼하 2:3) 따라서 에스라의 이러한 이방 여인들과의 결혼 금지의 사유가 단순히 모세 율법에 따라 인종적인 차별적인 방편으로 행하여진 것은 아니다. 그것은 모세 율법이 아닌 가나안의 우상 숭배와 혼합주의에 대한 에스라적 개혁적 조치로 받아들여져야 한다. 다시 말해 사사기와 여호수아서에서 제시된 것처럼 철저한 가나안 문화로부터의 분리 실패가 끊임없는 전쟁을 불러왔다는 것이다. 왕들의 연대기에서 그들의 이방 여인과의 교류가 멸망의 단초를 제공했던 것처럼 에스라의 개혁의 요지는 그 땅에 사는 사람들, 곧 가나안인들과의 결혼은 이스라엘의 정체성을 위험에 빠뜨리고 종교적 타락으로 들어가게 할 것에 대한 염려로 볼 수 있다.(예. 출 34:11-16; 창 24; 28:1-9) 에스라는 마지막에 개혁 조치로써 이방 여인들을 내어쫓고 언약을 갱신하게 된다.(10장)

에스라가 단행한 이방 여인과의 혼인 금지 그리고 추방을 어떻게 이해해야 할까? 첫째, 이 개혁은 귀환한 공동체와 미래의 이스라엘 공동체의 정체성을 확립하는데 중요한 디딤돌 역할을 하게 된다. 그들의 과거 멸망의 원인을 이해하고 미래의 배교를 막기 위한 조치였다. 그들은 하나님 나라의 백성으로 살아가기 위해서 자신들의 배교를 철저히 회개하고 실제적인 행동을 취해야 했다. 둘째, 에스라의 개혁의 핵심은 율법에 대한 새로운 이해를 보여준다. 에스라가 가졌던 율법책과 이해했던 율법이 정확히 우리가 가진 모세오경이라고 보기는 힘들다. 또한 그의 오경에 대한 해석이 완전한 것은 아니다.

그럼에도 그의 율법책을 통한 현실 인식을 통한 개혁은 폄하해선 안될 것이다. 그가 밀어붙인 개혁 운동은 이스라엘의 반복된 실수를 막기 위한 것이며 그의 율법의 정신에 대한 진정성은 의심할 수 없다.

7. 느헤미야의 귀환과 사역 (느 1:1-7:73a)

아닥사스다 1세 통치 20년째 되던 해 445년 경, 느헤미야는 페르시아의 고위 관료로써 수산(페르시아의 행정 도시 수사) 궁의 고위직인 술관원이었다.(느 1:1) 그는 하나니를 통해 예루살렘의 남은 자들이 환난을 당하고 성이 허물어지고 성문은 불에 탔다는 소식을 듣고 수일을 슬퍼하며 금식한다. 느헤미야는 여호와의 긍휼을 구하고 다시 예루살렘으로 돌아오게 할 것이라는 여호와의 약속을 기억해 달라고 기도한다.(1:8-10) 이후 느헤미야는 왕을 수종들면서 그의 얼굴에 수심이 있음이 알려지고, 그는 대담하게 예루살렘 성읍을 건축하도록 허락해 달라고 왕에게 간청한다. 왕이 이를 허락하는 과정에서 느헤미야는 "하나님의 선한 손"이 그를 도왔다고 진술한다.(2:8)

예루살렘으로 귀환한 이후, 느헤미야는 이제 무너진 성을 재건해 하나님의 목적을 이루기 위해 사람들을 힘껏 독려한다.(2:17-18) 그러나 느헤미야를 방해하는 "호론 사람 산발랏" "암몬 사람 도비야" "아라비야 사람 게셈"이 등장한다.(2:19-20) 이 중 산발랏("Sin [the moon god] gives life")은 사마리아의 지도자(엘러판타인 파피루스에 따르면)이며, 도비야는 이후 유대 문헌에 등장하는 요단강 건너 토비아드 가문과 관계된 자로 보인다. 느헤미야는 힘든 상황에서도 "하늘의 하나님"이 자신들을 형통케 하실 것이며 여호와의 종인 자신이 성벽을 건축할 것에 믿음을 가진다.(2:20)

예루살렘 성벽 건축이 여러 지파 사람들의 도움으로 진행된다.(느 3장) 하지만 산발렛과 도비야는 지속적으로 이들을 조롱하고 방해하고 이에 대한 대처로써 성안의 절반은 일하고 절반은 갑옷을 입고, 각기 건축과 전투에 나선다.(4장) 내외부의 위협 속에서도 느헤미야는 기도, 건축, 전투를 병행하고 그는 "우리 하나님이 우리를 위하여 싸우시리라"(4:20)는 믿음을 보여준다. 건축이 진행되면서 유대 내부의 경제적 불평등 문제가 불거진다.(5장) 빈곤, 과도한 세금, 노예화 등으로 유대인들의 삶은 피폐해졌고 이에 느헤미야는 귀족들과 민장들과 제사장들에게 같은 동족들로부터 이자를 받지 말 것과 가진 부를 나누라고 명령한다.(5:1-13) 느헤미야는 그들이 서로 형제들임을 강조하는데, 여기에서 모세 율법을 의지했다기 보다 그는 개개인의 자발적인 자선과 양심에 호소한다. 느헤미야는 결코 부정이 없이 하나님을 경외함으로 유다 총독의 임무를 다했으며, 자신의 삶을 하나님이 기억하시고 은혜를 베푸시기를 기도한다.(5:19)

이제 성전의 공사가 순조로이 진행되면서 외부의 위협도 더 강해진다. 산발랏, 도비야, 게셈은 느헤미야를 죽이려하거나 거짓 정보를 퍼뜨려 그를 죽일 모략을 세우나 느헤미야는 지혜를 발휘하여 이를 극복한다.(6:1-14) 지속적 반대에도 불구하고 성벽 건축이 완성되자 주위 이방인들은 두려워한다.(6:16) 그러나 도비야 가문의 막강한 영향력은 건축에 참여한 유력한 유대 가문들에게까지 미치고 있었고, 이를 활용해 느헤미야의 생각을 바꾸려 하였다.(6:16-18) 예를 들어 도비야는 자신과 자신의 아들이 유대 가정과 결혼하여 영향력을 확장하려 하였다.(6:18)

느헤미야는 성벽과 문짝 건설이 마무리된 이후(느 7:1-73), 이곳을 지키기 위한 인력 구성을 보여준다. 인적 구성의 시작에는 하나니와 하나냐가 있었고 이들은 충성스럽고 하나님을 경외하는 자였다.(7:1-2) 느 7장 리스트는 바벨론에서 돌아온 귀환자들에 관한 것이다.(스 2장과 동일) 그런데 왜 느헤미야는 이를 기록할까? 이방인들의 등장과 대내외 위협에서 공동체를 지키기 위해 성벽 이외의 것이 필요하다. 그것은 지도자들과 파수꾼들을 세워 적군의 공격 목표가 될 소수의 주민들을 보호하기 위해 인구구성 재조정이 필요했다. 7장 리스트는 최초로 바벨론에서 귀환한 자들에 대한 인구조사 성격을 지니고 있다. 즉, 새롭게 건설된 예루살렘 성읍에 살게 될 사람들은 바벨론에서 이주한 "참 이스라엘인들"이다. 느헤미야는 자신의 출신과 족보가 입증된 이들을 최우선으로 공동체에 받아들였다.

8. 옛 언약 갱신 (느 8:1-12:43)

느 8-10장은 언약 갱신을 다룬다. 성전과 성벽을 수축하는 것이 에스라-느헤미야의 궁극적인 목적은 아니다. 하나님과 이스라엘간의 관계 회복의 문제까지 나아가야 했다. 수문 앞 광장에 백성들이 모였을 때, 에스라는 "모세 율법책"을 가져와 읽기 시작하고, 예배 의식처럼 사람들은 여호와를 송축하고 아멘으로 응답했다. 레위인들은 율법의 의미를 깨닫도록 해석해 주었다. 백성들이 함께 회개하며 눈물을 흘릴 때, 에스라는 슬퍼하지 말라고 말하면서 "여호와로 인하여 기뻐하는 것이 너희의 힘"이라 격려한다.(8:10)

뒤이어 초막절("장막절"; 참조. 레 23:33-44; 신 16:13-15; 민 29:12-39)에 관한 규례를 선포하고 절기를 온전히 복구한다.(느 8:13-19) 초막절은 광야생활 가운데 하나님의 보호와 수확에 대해 감사하는 절기이다. 에스라는 초기 페르시아 시대를 지나 헬라 시대에 이르는 유대교의 초석을 놓은 자로 보이며, 그가 읽은 율법책은 그 중심에 있다. 그렇다면 이 율법책은 무엇을 의미할까? 모세의 5권 책? 신명기? 4경(창세기-민수기), 5경에 대한 제사장 문헌? 하지만, 에스라가 사용한 이 율법책이 정확히 무엇인지는 알 수 없다. 예를 들어 느 8:15에서 여러 가지 종류의 나무로 초막을 지으라는 규정은 4경에서는 없다. 그가 사용한 문헌이 정확히 레위기나 민수기의 것이었는지 일반적인 모세에 관한 율법에 대한 것인지 말하기 힘들다. 예를 들어 레위기 23:33-44을 보면, 장막절은 일곱째 달 15일로 못 박혀져 있고, 레위기 23장은 속죄일을 일곱 달 10일로 정한다. 그러나 느헤미야서에서는 장막절은 일곱째 달 2일,(8장) 금식일이 일곱째 달 24일로 정해진다.(느 9:1)

느 9장은 언약 갱신의 하이라이트이다. 백성들은 모두 자신의 죄를 회개하고 금식하며 이방인들과 관계를 끊고 자신과 조상들의 죄를 고백한다. 레위인들은 공적 기도를 이끈다. 이 기도문은 창조에서 아브라함에 대한 부르심, 출애굽과 시내산에서 율법의 수여, 금송아지 신상을 만들어 반역했던 일, 광야에서의 보호, 시혼과 옥의 왕에 대한 승리, 여호수아에 의한 정복전쟁, 사사 시대, 예언자들을 통한 경고, 그리고 앗수르 압제에서 현재까지 멸망을 정리한다. 이 기도에서 백성들은 악을 행하였고 여호와는 진실하게 행하였고 이제 여호와께서 자신들과 견고한 언약을 세워주시기를 간청한다.(9:33, 38)

느 10장은 백성들의 대표들이 계약 문서에 동의하고 인봉하였다고 기록한다. 이들은 이방인들과 교류를 끊고 "하나님의 율법을 준수하는 모든 자"와 다함께 "하나님의 종 모세를 통하여 주신 하나님의 율법을 따라 우리 주 여호와의 모든 계명과 규례와 율법을 지켜"(10:29) 행하였다고 말한다. 이 언약 갱신은 모압 평지에서 모세가 행한 언약 갱신(신 28장) 그리고 요시야 개혁과 유사하다.(왕하 23장) 여기서는 크게 아래의 율법의 규례들에 대한 엄숙한 맹약이 강조되며, 이 맹약에는 모든 귀환한 공동체가 동참한다. 계약 문서의 구체적인 내용은 아래와 같다.

  i. 이방인들과의 결혼 금지 (10:30; 13:23-30)

  ii. 유월절 준수 (10:31; 13:15-22)

  iii. 나무제물 드리는 절기 준수 (10:34; 13:31)

  iv. 첫 소산물 봉헌 (10:35-36; 13:31)

  v. 레위인들에게 드려진 십일조 (10:37-38; 13:10-14)

  vi. 성전에 드려질 헌물 (10:39; 13:11)

위의 엄숙한 율법들은 땅의 백성들과의 강력한 분리 정책을 지지한다. 특히 이 언약에는 이방인들과의 혼인 금지는 이방인들과의 분리

(10:30)와 철저한 성전 중심의 정신이 강조된다.

1차 정착민들(7장) 리스트에 더해, 재건된 도시를 활성화시킬 전략으로 거주민들을 예루살렘 성내와 외부에 나누어서 거주하게 한다.(느 11장) 지도자들과 일반인들이 골고루 섞여 거주하며, 백성들 가운데 제비를 뽑아 10%만이 예루살렘 성내에 거주하게 된다.(11:1-2) 느 12장에서는 에스라와 느헤미야의 시대에 귀환한 제사장들과 레위인들의 리스트가 나열된다. 이제 마침내 완성된 성벽이 봉헌된다. 이는 에스라-느헤미야 시대에 귀환한 공동체가 이루어낸 고귀한 성과이다. 이 봉헌식에는 참여한 모든 이들이 찬양하며 제사를 드리며 함께 즐거이 나아간다.(12:27-43) 이 성벽 봉헌식은 포로기의 긴 터널을 끝내고 율법을 통해 내부 개혁과 성전 건축과 거주민들의 이주로 다시금 사람 사는 곳이 된, 이스라엘 공동체 축제의 시간이다.

9. 느헤미야의 개혁 (느 12:44-13:31)

느헤미야 마지막 개혁 조치가 단행된다. 성전의 수종드는 제사장들과 레위인들에게 필요한 것들을 공급한다.(12:44-47) 행정가로써 느헤미야의 모습은 가르치는 제사장으로써 에스라와 구분되지만, 느헤미야의 여러 개혁 조치는 중요성을 가지며 이에는 해설이 필요하다.

첫째, 인종 분리정책이다. 그는 율법책에 기록된 대로 암논인들과 모압인들이 뒤섞인 이스라엘에서 이들을 완전히 분리해 내고 구별시킨다.(13:1-3) 둘째, 제사장 가문과 성벽 건축을 방해했던 도비야 사이의 권력 유착관계를 끊어내고, 다시금 성전 기능을 복원시킨다.(느 3:4, 30; 6:17-19) 제사장 엘리아십이 도비야를 위하여 성전에 마련한 큰 방을 느헤미야는 아닥사스다 왕에게서 돌아온 이후 정결케하고 원래 성전의 기구들을 원위치 시킨다.(13:4-9; 참조. 3:4, 30)

셋째, 레위인들이 받을 몫이 정당하게 분배되도록 성전 재정을 투명하게 한다.(13:10-14) 레위인들의 생계가 위협받자 성전 기능은 다시 무너진다.(10-11절) 이 조치들은 성전과 예루살렘에 대한 개혁은 공사 완료로 끝나는 것이 아니라, 성전 정화 행위로 지속되어야 함을 말한다. 다시 말해, 이방인들과 분리를 통해 배교를 차단하고, 권력 유착을 끊어내고, 재정을 투명하게 하여 레위인들에 의한 제사직분이 원할이 유지되도록 하는 것은 지속되어야 할 과제라는 것이다.

마지막으로 최종 개혁에 대한 두 가지 과제가 다시금 강조된다. 첫째, 안식일에 일하는 문제로, 느헤미야는 예루살렘의 파괴가 안식일을 지키지 않은 것이었다고 말한다.(13:15-22) 이에 안식일 전 성문을 닫게하고 상거래를 차단한다. 둘째는 일부 유다인들이 아스돗, 암몬, 모압 여인을 아내로 맞이하는 것을 금지한다.(13:23-27) 느헤미야는 대제사장 엘리아십의 손자 요야다의 아들 중 하나가 산발랏의 사위가 된 사건을 언급하면서 거룩한 제사장의 직분과 레위인에 대한 언약을 어겼기에 이를 올바로 세운다.(13:28-31)

10. 신학적 함의

첫째, 에스라와 느헤미야의 사역은 새 시대의 귀환 공동체가 추구해야 할 가치를 보여준다. 에스라가 제사장적 인물이라면, 느헤미야는 평신도계 인물이며, 이 차이는 상호보완적 관점을 보여준다. 바벨론에서 출발한 에스라는 성전 의식에서 율법을 낭독하고 백성들에게 이를 이해시키는 사명을 완수한다.(느 8장) 페르시아 수사에서 파견된 느헤미야는 엄청난 방해 공작에도 불구하고 주어진 권력을 활용하여 성벽을 완수하는 데 집중한다. 둘의 개혁 작업은 모두 성전과 관련이 있으며 그들의 개혁은 성전과 성벽 자체만은 아니었다. 그 속에서 "율법"의 정신이 온전히 실행되고, 귀환 공동체가 거주민의 삶과 구별된 삶을 살도록 하는 것이었다.

둘째, 느헤미야가 시간상 뒤에 도착했음에도 그들의 개혁은 매우 중요한 공통 분모를 만들어 낸다.(연대적 가정에서 458년에 에스라가 도착했다면) 에스라의 회개 기도 속에서 공동체는 이방 민족과 부정한 연합을 끊어내었고(스 9–10장), 초막절의 배경에서 율법을 이스라엘 백성들에게 설명한다.(느 8:13–19)[30] 느헤미야 역시 성벽을 봉헌한 이후 행정력을 발휘해 성전을 어지럽혔던 도비야를 몰아내고 예배가 시행되게 하고, 안식일의 엄격한 시행과 이방인과 혼인 금지를 중요한 포로후기의 민족 과제로써 제시한다.(느 13장) 이는 거룩함을 유지해야 하는 성전을 중심에 둔 개혁적 조치였다. 이러한 거룩하고 신적 공간으로써의 절기와 의식은 제사장적 아젠다와 결부된다.

셋째, 에스라–느헤미야는 강력한 분리정책, 배타적 인종주의, 혹은 민족주의적 정책을 편다. 에스라와 느헤미야의 시대는 성전 예전이 올바로 작동될 수 있도록 노력했으며, 여기에는 각 개인 출생이 중요한 배경으로 작동했다.(스 2:61–63; 느 7:61–65) 위에서 언급한 것처럼 이방인과의 혼인은 철저하게 금지되고,(스 9:1–15; 10:1–44; 느 9:2; 13:23–31) 이방 여인과 그들의 자녀들을 내좇는 극단적인 조치를 취하게 된다 긍정

---

30) 필리페 아바디, "에즈라–느헤미야기," 구약성경 입문 2, 김건태 역, 수가대 신학 총서 03–1 (화성시: 수원가톨릭대학교출판부, 2019), 229.

적으로 이를 평가하면, 이는 포로기를 거치면서 사라져간 귀환자들과 남은 자들의 유대인으로써의 정체성을 위해 이런 조치가 필요했다. 느헤미야와 에스라는 정확히 예루살렘의 패망의 원인이 솔로몬 왕의 시절 이방 여인과의 혼인을 통한 온갖 가증한 혼합 종교의 모습과 배교였음을 이해했고, 이에 대한 단절 없이는 앞으로 나아갈 수 없음을 인식했다.(스 9:11) 아마도 동일한 위협이 마카비 혁명과 함께 하스모니안 왕조를 세웠던 유대 민족에게도 있었을 것임은 분명하다. 매혹적인 코스모폴리탄 도시들이 뿜어내는 헬라 철학과 사상, 그리고 각종 세계관들은 유대인으로써 정체성을 유지할 수 없는 환경이었을 것이다. 이러한 도전 앞에서 유대적 옛 가치는 포기할 수 없는 전통이었을 것이다. 극단적인 민족주의, 정결에 대한 과도한 강조, 타 민족에 대한 배타성은 모세 율법이라는 절대적 권위의 도움이 필요하다. 에스라는 제사장으로써 모세의 율법을 적극적으로 설파하고 가르쳤다.(느 8) 백성들의 회개와 자발적 언약의 갱신은 모두 이러한 왕정이 아닌 모세가 가르쳐 주었던 율법으로의 회귀라는 결과를 맞이한다.

하지만 21세기를 살아가는 우리는 이와 같은 개혁을 어떻게 이해해야 하는가? 에스라와 느헤미야가 보여주는 초기 포로후기 시대의 순혈주의 혹은 배타성은 어떻게 보아야 하는가? 외세의 위협과 잃어버린 민족의 영광 속에서 가련하고 작은 유대인 집단의 선택이 극단적인 배타성과 정결함에 대한 집착이었다는 사실은 어떻게 받아들여야 하는가? 참 이스라엘과 가짜 이스라엘을 구분하고 결혼 관계를 파기하고 여성에 대한 폭력적 행위는 오늘날과 같은 시대에 받아들이기 힘들다.(말 2:13-16) 브루그만은 이에 대해 "얼마만큼의 유대성이 유대성을 위해 충분한 것인가?"라고 질문한다.[31] 토라에 기반을 두고 모든 가치들을 독점하고 구별하고 배제하는 이 종교적 행위는 비극적 결말을 만들 뿐이고 다양성을 침해한다.

확실히 창세기 속 족장들의 부르심 그리고 이사야서 후반부의 온 인류를 위한 보편적 축복 메시지는 에스라-느헤미야의 배타적 관점과는 다르다. 포로후기의 배타주의에 대변되는 이사야 56장의 새로운 보편주의의 등장을 지지하는 상당수의 유대인들이 있었을 것이다. 그러나 이와같은 목소리는 에스라-느헤미야에서는 들리지 않으며, 느헤미야는 성벽을 쌓고 에스라는 이방 여인을 좇아낸다.

---

31) 월터 브루그만, 토드 리나펠트, 『구약개론』, 김은호, 홍국평 역 (서울: CLC, 2014), 579.

제6강 에스더: 구원과 학살

1. 에스더

에스더서는 포로후기 시대를 살아가는 디아스포라 공동체의 정황을 반영한다. 이 책은 강제로 끌려가 팔레스타인 외부에서 살아가며 박해를 당하였으나, 구원을 경험한 유대인들이 이를 축제로 승화시키는 이야기이다. 에스더는 히브리어 성경의 분류인 케투빔(성문서)에 포함되며, 다니엘, 에스라-느헤미야-역대기 이전에 위치한다. 이 책에서는 하나님에 대한 언급이 없다. 이에 따라 정경에 포함되어야 하는지에 관한 의심이 있어 왔다. 그러나 아케메네스 왕조 아하수에로(크세르크세스 1세 [Xerxes I]; 486-465) 황제의 왕비 에스더의 이야기는 부림절의 기원(아달월 Adar 14-15일; 태양력으로 2월 24-25일; 23일의 금식부터 시작)에 대한 설명을 제공하기에, 이 책은 정경의 범주에 포함된다. 부림절은 토라에 명시된 유대 3대 절기(유월절, 칠칠절, 초막절)은 아니지만, 하누카("봉헌"; 164년 마카베오 혁명으로 안티오쿠스 4세에 의해 더럽혀진 성전을 봉헌함)와 함께 국가 공휴일로 오늘날까지 지켜진다.

2. 문학적 구조

에스더서는 왕궁에서 일어나는 다채로운 사건들로 구성된다. 여기에는 아이러니한 문학적 장치가 있다. 이 책에는 어리숙한 왕과 권력을 탐하는 신하의 블랙 코미디와 같은 이들의 행동은 피지배민들의 대표인 에스더와 모르드개의 고결함과 대비된다.

　전반부의 암울한 상황은 후반부에서 급격한 반전으로 뒤집힌다. 시작부터 계속된 왕궁의 사치스런 연회들은(1–2장) 책의 마지막의 거대한 유대민족 대 축제일로 승화된다. 아하수에로 왕은 끊임없이 연회를 열고 술을 마시는 방탕한 왕이다. 에스더는 왕의 환심을 사기 위해서 두 번의 연회를 베풀며(5, 7장), 이야기 마지막에 두 차례의 기쁨의 축제가 베풀어진다.(9:1–19) 또한 왕의 칙령으로 유대인 몰살에 대한 조서가 내려지지만, 이후 두 번째 조서에서는 정반대로 대적들에 대한 방어적 공격이 명령된다.(3:7–15; 8:3–17) 왕의 암살에 대한 정보를 모르드개는 충성스럽게 왕에게 알렸고,(2:19–23) 이후 왕은 이를 기억하여 그를 하만의 자리에 앉힌다.(6:1–13)

　하만, 모르드개, 에스더, 왕 사이의 정교한 플레이는 이 극의 내용을 사실감이 있게 묘사한다. 포로민 후손인 에스더가 왕후가 되고 왕에게 유대인 구원을 부탁하는 장면은 그녀의 믿음과 대범함을 보여준다. 하만의 두 번에 걸친 높아짐(왕에 의한 승진, 왕의 연회에 초대; 3:1; 5–6장)은 그의 치욕스러운 두 번에 걸친 낮아짐과 대비된다.(모르드개의 높아짐, 하만의 죽음; 6:10–7:10) 아각의 자손인 하만에게 무릎 꿇지 않은 모르드개는 이스라엘의 야웨 신앙에 대한 굳은 결의를 보여주며, 그는 죽음의 위협에서 최고의 권력자가 되는 반전을 이루어낸다. 에스더 이야기는 부림절("주사위"를 뜻하는 푸르)의 기원을 말해주며, 이는 절망스런 상황에서도 한 민족을 향한 여호와의 끊임없는 도움과 구원을 함의한다.

1. 배경 (1:1-2:23)

    1.1. [연회] 아하수에르 왕과 왕후 와스디, 므무간 (1:1-22)

    1.2. 왕후가 된 에스더 (2:1-18)

        1.2.1. 미인대회소집 (2:1-4)

        1.2.2. 모르드개와 에스더 (2:5-7)

        1.2.3. 왕의 부름을 받아 왕후가 되는 에스더 (2:8-18)

        1.2.4. 왕을 구한 모르드개 (2:19-23)

2. 주요 사건들 (3:1-9:19)

    2.1. 하만과 모르드개 그리고 왕의 칙령 (3:1-15, 4:1-17)

        2.1.1. [사건] 하만과 모르드개 사이의 충돌 (3:1-6)

        2.1.2. [칙령1] 모든 유다인을 죽이라는 칙령 반포 (3:7-15)

        2.1.3. [반응] 모르드개와 에스더의 결단: 에스더의 거부 그리고 순응 (4:1-17)

    2.2. 왕과 에스더 (5:1-14)

        2.2.1. [연회1] 에스더가 왕과 하만을 위해 연회를 열다.(5:1-8)

        2.2.2. [반응] 하만의 교만과 모르드개에 대한 음모 (5:9-14)

    2.3. 높임을 받는 모르드개 (6:1-13)

        2.3.1. 모르드개의 공에 대한 상급 (6:1-9)

        2.3.2. 모르드개를 높이는 하만 (6:10-13)

    2.4. [연회2] 하만의 죽음(6:14-7:10; 8:1-2)

        2.4.1. 에스더의 고백: 유대인의 구원에 대한 간청 (6:14-7:7a)

        2.4.2. 목숨을 구하는 하만, 죽임을 당하는 하만 (7:7b-10)

        2.4.3. 높임을 받은 에스더와 모르드개 (8:1-2)

    2.5. 유대인에 대한 구원 (8:3-17)

        2.5.1. [칙령2] 새로운 칙령의 반포: 유다인들은 생명을 보호하고 적들을 진멸하도록 하는 명령 (8:3-14)

3. 배경 (1:1-2:23)

아하수에로 왕은 통치 3년이 되는 해(기원전 483)에 7일간 모든 신하들과 지방관들을 모아 거대한 잔치를 베푼다. 그는 왕후 와스디를 자랑하기 원했고 왕은 백성들과 지방관들 앞에서 그녀의 아름다움을 과시하려 한다. 와스디는 이를 거부하자 왕은 이에 진노하여 현자 므무간에게 이 사태를 어찌해야 할지 묻는다. 이에 현자는 와스디를 폐하고 왕후의 자리를 다른 이에게 줄 것을 제안한다. 이 사건은 온 세계 정복자인 황제가 자신의 왕후 한 명을 통제하지 못한다는 점이 우스꽝스럽다. 므무간은 지혜자로 등장하지만 그의 제안은 어처구니 없게 들린다. 그는 이 일이 모든 여인들에게 퍼지면 그들도 그들의 남편들을 무시할 것이고, 만약 와스디가 폐위가 되면 모든 여인들이 남편을 존경하게 될 것이라 생각한다. 이 결정에 따라 모든 지방에 왕의 조서가 내리게 되고 "남편이 자기의 집을 주관"하게 하라고 명령한다. 이는 왕과 권력가들을 어리석은 자로 보이게 만든다.

왕은 분노가 사라진 이후에 자신이 행했던 일과 국가적 조서를 내린 것을 다시금 생각한다.(에 2장) 그는 자신의 행위에 대해 후회하는 듯하다.(2:1) 왕의 최측근들은 제국을 뒤져 왕의 부인이 될 후보들을 찾으라 제안하고 왕은 이를 수락한다.(2:2-4)

당시 수산성에 모르드개(베냐민지파, 기스의 증손; 사울과 관계, 삼상 9:1; 시므이, 삼하 16:5)라는 바벨론의 포로로 강제 이주한 이가 있었다. 아마도 그는 여호야긴과 함께 사로잡혔던(597) 귀족 출신이었을 가능성이 크다. 그에게는 삼촌의 딸인 사촌 관계의 에스더(페르시아적 이름, 에스테르) (히브리어, "별"; 하닷사; הֲדַסָּה)가 있었고 그는 그녀를 입양하여 딸 처럼 양육을 한다. 이제 전국의 처녀들을 모집하는 과정이 시작되고 에스더도 이에 참여한다.(2:8-11) 강요에 의한 것인지 자발적인 것이었는지 확실치 않으나 왕의 조서에 따라 많은 여성들이 모집된다. 수산으로 모인 여인들을 내시 헤개는 준비하고 관리한다. 그리고 이들을 차례로 왕에게 보이게 하고 왕이 마음에 드는 처녀를 간택하게 할 계획을 세운다.

이 과정에서 에스더는 헤개의 눈에 띄어 일곱 궁녀와 함께 하게 되고, 그들은 그녀를 특별한 장소로 이동시킨다. 이 과정에서 다니엘이 환관장에게서 얻은 은혜와 유사한 신적 인도하심이 개입되었던 같다.(단 1:9) 에스더는 모르드개의 가르침에 따라 자신의 출신에 대해선 함구한다.(2:10) 아하수에로 왕에게 나아간 여성들 가운데 에스더는 왕의 사랑을 더욱 더 받았으며 와스디를 대신하여 왕후로 뽑히게 된다.(2:17) 한편 에스더는 자신의 종족과 민족의 정체성을 철저히 숨긴다.(2:10, 20) 2장의 마지막에 하나의 중요한 에피소드가 삽입된다. 모르드개는 왕에 대한 암살 음모를 알아채고 이를 에스더를 통해서 왕에게 알리게 되고 빅단과 데레스는 나무에 달려 죽임을 당하고, 이 사건은 궁중 일기에 기록된다.(2:19-23)

4. 주요 사건들 (3:1-9:19)

아하수에로 왕은 에스더서에서 만큼은 명철한 왕이 아니다. 왕을 구하여 공로를 세운 사람은 모르드개였으나, 왕은 이를 전혀 알아채지 못한다.(3:1) 오히려 왕은 아각 사람, 하만의 지위를 왕 다음으로 높인다. 모르드개는 다른 모든 신하들과 달리 하만에게 경배하지 않았고, 이는 왕의 명령에 대한 거역이었다.(3:2-5) 이에 모르드개는 하만과 유대인들을 죽일 계획을 꾸민다. 텍스트는 하만이 아각인이었다고 말한다. 아멜렉의 군주였던 아각왕과 전쟁을 치른 사울은 아말렉인들에 대한 완전한 진멸이라는 신적 명령의 순종에 실패했었다. 사무엘상 15장에서 사울이 여호와로부터 버림을 받은 배경을 떠올리게 만든다. 이러한 연관 속에서 사울의 실패와 달리 사울과 같은 지파의 후손인 모르드개는 하만에게 절을 하지 않는 것으로 보인다.(2:5) 신 25:18처럼 아말렉인들은 이스라엘을 공격하고 하나님을 두려워하지 않았기 때문에, 이에 대한 심판으로 사울이 그랬던 것처럼 모르드개는 하만에게 적대적이었을 것으로 추정된다.

사사로운 감정을 가졌던 하만은 모르드개에게 복수을 하려고 유다인들이 왕의 법률을 지키지 않음을 근거로 유다인의 진멸을 왕에게 제안한다.(3:8) 물론 유다인들은 자신들만의 법적 체계를 가졌을지라도 그들이 제국의 법을 어겼다는 암시는 없다. 왕은 이 허위 보고를 믿었고 하만은 은 일만 달란트라는 재물을 왕에게 바치겠다는 술수를 썼으며 왕은 자신이 끼던 반지를 하만에게 주면서 전권을 이양한다. 하만은 이 민족이 누구이며 어떤 상황인지는 알리지 않고 어떤 명확한 법적 단서도 없었으나, 왕은 하만의 속임수로 인해 어리석은 판단을 내린다. 이제 온 나라에 왕의 조서가 내려지고, 제국의 모든 유다인들을 죽이고 진멸하고 재산을 탈

취하라고 명령한다.(3:13-14)

이 소식을 전해들은 모르드개는 통곡하고,유다인들도 애통하고 금식하면서 크게 부르짖는다.(4:1-3) 에스더는 하닥을 통해 모르드개와 소식을 주고 받고 상황을 전해듣는다. 모르드개는 왕에게 자신의 민족의 구원을 위해 행동을 취하라고 요청하나 에스더는 왕의 부름이 없이 왕의 은밀한 공간인 안뜰에 들어가면 죽임을 당할 것이라며 이를 거절한다.(4:11) 고대 왕들은 외부인들에 의한 위협으로부터 보호를 위해 누구라도 접근이 제한되었다. 또한 일부다처의 환경에서 왕의 부름을 입지 못한 상태에서는 합법적 부인이더라도 왕에게 접근이 어려운 상황이었다. 모르드개는 모든 유다인이 죽임을 당할지 모르는 상황에서 에스더도 안전할 수 없다는 사실을 강조하면서 이렇게 말한다.

이때에 네가 만일 잠잠하여 말이 없으며 유다인은 다른 데로 말미암아 놓임과 구원을 얻으려니와 너와 네 아버지 집은 멸망하리라 네가 왕후의 자리를 얻은 것이 이때를 위함이 아닌지 누가 알겠느냐 하니 (4:14)

모르드개의 고백은 하나님의 손길에 대한 믿음이 서려있다. "다른 데로 말미암아 놓임과 구원"을 얻는다는 것은 에스더가 이 일을 막지 않는다면, 어떻게든 하나님의 구원이 임할 것이라는 믿음의 표현이다. 에스더가 이 시기에 왕후인 것은 이 위기에서 그들을 구원하기 위한 하나님의 계획으로 에스더는 행동해야 한다고 촉구한다. 이 장면은 하나님이 제국의 사건들에 구체적으로 개입하며 디아스포라에서 피식민지인들로 살아가는 백성들에게 변함없이 구원의 손길이 뻗히고 있음을 확증한다. 에스더는 모르드개의 진술에 믿음으로 화답한다. 에스더는 수산에 있는 유다인들을 모아 금식하며 기도할 것을 부탁한다.(4:16) 그리고 자신도 금식 기도를 한 이후 규례를 어기고 왕에게 나아갈 것이라 말한다. 에스더는 자신의 행동에는 하나님의 도우심이 필수적임을 인지한다. "죽으면 죽으리라"는 에스더의 담대한 고백은 자신의 목숨을 내걸고라도 민족의 구원을 이루겠다는 고백이다.

에스더는 금식 이후, 드디어 행동을 개시한다.(5:1-8) 그녀는 왕후의 예복을 입고 왕의 뜰에 들어서고 왕은 손에 잡았던 자신의 금 규를 그녀에게 내민다. 이를 왕후는 만지면서 마침내 에스더는 왕을 대면한다. 왕은 과장된 말로써 나라의 절반이라도 주겠다며 그의 소원이 무엇인지를 묻는다.(5:3) 이에 에스더는 유다인들의 구원이라는 소원을 직접 꺼내지 않는다. 그녀는 금식의 시간동안 어떤 계획을 세운 것 같다. 그녀는 의외의 대답을 하며 하만과 왕이 함께 자신의 저녁 잔치에 올 것을 청한다.(5:4-5) 두 사람은 에스더가 준비한 파티에 참석하고 왕은 잔치가 무르익었을 때, 술을 마시며 다시 한번 에스더에게 그의 소원을 묻고, 에스더는 내일 연회에서 그 소원을 대답하겠다고 한 번 더 기간을 연장한다.(5:6-8) 에스더는 다급하게 문제를 해결하려 하지 않고 왕이 충분히 연회를 즐기며 사적이고 비밀스런 관계가 깊어지기를 기다려 그에게 자신의 소원을 말하려는 계획을 세운 것으로 보인다.

한편 하만은 왕의 연회에 왕과 단 둘이 참석한 것에 대해 크게 기뻤으나, 모르드개가 여전히 자신에게 몸을 굽히지 않는 것을 보고 분노한다.(5:9) 하만은 아내 세레스에게 왕이 자신을 높인 것에 대해 자랑하고 모르드개에 대한 적개심을 토로한다. 세레스는 큰 나무(75 피트=22.86

미터)를 세우고 왕에게 모르드개를 나무에 달 것을 구하고 연회를 즐기라고 말한다.(5:14) 이 계략은 무고한 모르드개에 대한 살해만이 아니라, 살인 이후에 파티를 하라는 사악한 행동으로 보인다.

한편 왕은 잠이 오지 않았다.(6:1) 그는 왕의 역대 일기를 읽다 자신에 대한 암살 음모를 고발했던 모르드개에 대해 기억해 내고, 그에게 아무것도 베풀지 않았음을 알게 된다.(6:1-3) 이 때 마침 하만이 모르드개를 죽이라는 청을 하기 위해 왕의 뜰에 있었을때, 왕은 하만에게 "왕이 존귀하게 하기를 원하는 사람에게 어떻게 하여야 하겠느냐"고 질문한다.(6:6a) 지난 밤 하만은 왕과의 연회로 한껏 높아진 자신의 위상을 생각했을 것이다. 그는 제국의 2인자이며 왕이 자신에게 상급을 줄 것이라고 착각하곤 스스로 "왕이 존귀하게 하기를 원하시는 자는 나 외에 누구리요"(6:6b)라고 생각한다. 반면에 왕은 지난 밤새도록 오직 모르드개에 대한 고마움을 느꼈을 것이다. 각자 다른 것을 생각하던 와중, 왕의 이 질문에 대해 하만은 "왕께서 입으시는 왕복과 왕께서 타시는 말과 머리에 쓰시는 왕관을 가져다가 그 왕복과 말을 왕의 신하 중 가장 존귀한 자의 손에 맡겨서 성 중 거리로 다니며 그 앞에서 반포하여 이르기를 왕이 존귀하게 하기를 원하시는 사람에게는 이같이 할 것이라 하게 하소서"(6:9)라고 말한다. 왕은 즉각 하만에게 모르드게에게 하만이 말한 그대로 행하라고 명령한다. 하만은 자신이 가장 존귀하게 되기를 원하는 개인의 욕망이 반영된 소원을 말하였지만, 그것은 정확히 자신이 아닌 모르드개에게 실현된다.

하만은 번뇌하며 집으로 돌아온다. 이 일을 들은 하만의 지혜자와 아내는 앞으로 당하게 될 미래를 말한다. "모르드개가 과연 유다 사람의 후손이면 당신이 그 앞에서 굴욕을 당하기 시작하였으니 능히 그를 이기지 못하고 분명히 그 앞에 엎드러지리이다."(6:13) 유다의 후손 곧 흩어진 디아스포라 공동체는 바벨론 제국으로부터 모욕을 당했고 여전히 타국에서 곤욕을 치르고 있다. 하지만 이 예언, "모르드개가 유대민족이라면 모르드개의 하나님에 의해 하만이 비참한 최후를 당할 것"은 곧 실현될 미래를 암시한다. 모르드개의 수모와 위기는 결국 여러 우연들의 결합(에스더의 금식기도, 왕과의 대면, 하만의 교만, 왕의 불면증과 독서, 하만의 대답)으로 모르드개의 영광스러운 결말을 앞둔다.

다시 연회는 계속된다.(7:1) 왕은 술을 마시면서 에스더에게 소원을 다시 묻는다.(7:2) 에스더는 이번에는 직접적으로 자신과 자신의 민족이 도륙함을 당하게 되었다고 말하면서, 종으로 팔려가는 것은 그렇다 하더라도 살육 당하는 것은 왕에게도 이익이 되지 못한다고 설득한다.(7:4) 에스더는 이 일이 악한 하만에 의해서 계획된 것이라고 고발하(며7:6), 왕은 분노로 인해 후원으로 들어간다. 이후 왕은 왕후에게 엎드려 목숨을 구하는 하만의 모습을 보고 왕후를 강간하려한다고 오해한다.(7:8) 결국 하만은 모르드개를 매달기 위해서 준비했던 나무에 달려서 죽음을 당한다.(7:9-10) 하만의 죽음 이후, 하만의 집과 하만의 정치적 지위는 모르드개의 차지가 된다.(8:1-2)

이제 에스더는 유대인 진멸에 대한 왕의 칙령을 철회해 달라고 간청하지만, 왕은 그 첫 칙령은 철회할 수 없지만 왕의 반지로 인친 또 다른 조서를 반포할 것을 제안한다.(8:8) 모르드개는 이에 왕의 칙령을 준비하고 이를 모든 지방에 반포한다. 이 조서의 주요 내용은 유다인들이 함께 모이는 것, 그들이 자신들의 생명을 보호하는 것, 각 지방의 백성들 중 자신들을 치려는 자들과 그들의 가족을 도륙하고 재산을 탈취하라는 것이다.(8:11) 이 명령은 유대인들의 방어권의 하나로써 대적들을 죽이는 것일 수 있다. 이 조서의 잔인한 부분은 그들의 아내들과 아이들까지를 죽이라는 명령이었다.(8:11) 자신들을 죽이려는 자들이 정확히 누구인지 이들이 페르시아인인지 아니면 또 다른 민족들인지 지정되어 있지 않다. 아마도 이는 구약성경의 보복의 원리에 대한 적용일지 모른다.(출 21:23-27) (Baldwin, 97) 이 살육은 아달 월 곧 십이월 십삼일에 시행하게 하고 대적들에게 원수를 갚게 한다. 모르드개는 수산 성에서 왕과 같은 영광을 얻게 되고 거대한 기쁨의 축제를 열게 된다.(8:15-17)

5. 유다인들의 대적들에 대한 도륙과 연회(9:1-19) 그리고 결말 (9:20-10:3)

이어 실제 대적들에 대한 도륙이 진행되고 하만의 열 아들을 죽이라는 에스더의 요청은 실행된다.(9:1-16) 하만의 아들들에 대한 심판은 아마도 아말렉인들에 대한 진멸과 궤를 같이한다. 에스더의 저자는 하만의 자녀들의 재산을 취하지 않았다는 진술을 반복함으로써(9:10, 15, 16), 사울의 아멜렉인들에 대한 실책을 만회하려는 듯 보인다. 유다인들은 여러 곳에서 자신들을 공격하고 미워하는 자들 칠만 오천인들을 도륙한다.(9:16) 이 일 이후 부림절은 유대인들 사이에 축제일로 자리잡는다.(9:31-32) 에스더10장은 모르드개가 어떠한 존경과 사랑을 받으며 자신의 민족의 유익을 위하여 일하였는지를 기록한다.

6. 신학적 함의

에스더는 개신교 구약 성서 역사서 마지막 사건들을 진술한다. 이 사건의 핵심은 국가도 하나님도 부재한 시대에 변함없는 구속주로써 하나님의 능력을 강조한다.

첫째, 에스더서는 에스더와 모르드개의 믿음의 행위를 통해 하나님의 구원이 어떻게 일어나는지에 대해서 진술한다. 우둔한 권력자와 그의 추종자들이 벌인 정치적 해프닝은 제국에서 가련한 유대인들의 말살이라는 결정을 내리게 한다. 이 결정은 기상천외한 방식으로 역전되고 유대인들은 그 사건을 기억해 내기 위해 축제의 물결 속으로 스스로를 던진다. 부림절은 마치 출애굽 사건 이후의 유월절과 같은 죽음에서 생명으로 인도한 하나님의 구원에 대한 기쁨의 축제를 만든다. 이 부림절의 기억은 이후 유대인들의 여러 고통스런 역사 속에서 하나님의 일하심에 대한 확신으로 작용했을 것이다. 이 부림의 선언은 권력자들의 게임에서 던져진 주사위에서 나온 어둠과 악함을 거부하고 유쾌하고 활기찬 승리의 찬가이다. 그리스도인이 된다는 것은 바로 의외성으로 점철되고 어두움으로 뒤덮인 삶을 역전이 되는, 그리스도의 부활을 경험한 공동체로써 함께 축제를 즐기는 것과 다르지 않다.

둘째, 하나님은 제국의 식민 치하 어두운 역사 속에도 여전히 개입하신다는 사실을 알려준다. 하나님에 대한 직접적 언급이 없다는 것은 독특한 지점이다. 유사한 문학적 주제를 보여주는 책은 창세기의 요셉 이야기이다. 요셉은 모든 사건들이 마무리 되면서 자신이 경험한 일들의 신학적 의미를 진술한다.(창 45:5-8) 32) 요셉은 이렇게 고백한다. "하나님이 큰 구원으로 당신들의 생명을 보존하고 당신들의 후손을 세상에 두시려고

---

32) 진 다니엘 마치(Jean-Daniel Macchi), "에스테르기," 『구약성경 입문 2』, 김건태 역, 수가대 신학총서 03-1 (화성시: 수원가톨릭대학교출판부, 2019), 154.

나를 당신들보다 먼저 보내셨나니 그런즉 나를 이리로 보낸 이는 당신들이 아니요 하나님이시라 하나님이 …"(창 45:7-8)

아하수에로 왕의 우스꽝스런 결정들(와스디의 폐위, 미인대회를 통한 왕후 간택, 하만을 높이고 낮추는 행위, 모르드개에 대한 망각과 기억, 하만에 대한 오해)등은 마치 모두 신적 계획의 일부처럼 보인다. 유다인들의 죽음과 모르드개의 목숨의 절체절명의 상황에 직면한다. 왕은 갑자기 연회를 앞두고 불면증에 독서를 하고 상황은 반전하게 되는데 이것이 이 책이 가진 의외성이다.(6:1) 하만은 스스로를 끝없이 높이는 과대망상에 빠져 왕에게 실언을 하고 이후 자신의 실책으로 자신이 만든 덫에 빠져 죽임을 당하지만, 모르드개가 죽음의 위기에서 한 없이 영광스럽게 높아지는 모습은 어둠에서 빛으로 신자들을 구원하시는 신적 섭리를 이해하게 만들어 준다.

셋째, 에스더와 모르드개의 사건은 참된 신자에 대한 표지를 제공해 준다. 에스더의 금식 기도와 목숨을 걸고 계획을 세우고 왕에게 나아가 자신의 민족을 구하는 담대함은 이 책이 보여주는 경건의 진수다. 죽음의 위기에 내몰린 소수 민족을 위해 에스더가 이 민족의 위기에서 행동하지 않는다면, 하나님은 다른 방법을 사용해서라도 그들을 구원하실 것이라고 모르드개는 진술한다. 또한 에스더의 "죽으면 죽으리라"는 고백은 자신의 생명을 던져 유대인들을 구할 것이라는 단호한 결단을 보여준다. 이 확고한 믿음은 유대인 디아스포라 신앙 공동체의 믿음을 예시한다. 제국의 왕의 폭정 속에서 하나님의 흔적을 찾을 수 없는 디아스포라 공동체가 생존하는 방법은 하나님에 대한 믿음 뿐이다. 이후 하스모니안 왕조의 건립의 과정에서 이방인들의 성전에 행한 치욕스러운 행위들과 모욕들을 이겨내고 독립된 왕조를 세웠을 때, 그들은 모세율법에 대한 절대적 순종을 요구한다. 바로 에스더가 보여주듯이 그들은 죽음을 각오하고 자신의 나라를 위해 싸워야 한다.

넷째, 에스더는 정치 권력이 만들어내는 죽음의 공포를 이겨내는 아름다운 축제의 날에 대한 책이다. 그러나 이 책은 유대인 공동체가 보여주는 외국인과 유대인과의 관계에 대해 폭력적인 측면을 드러낸다. 물론 모르드개가 에스더에게 자신의 정체성을 누설하지 말라고 말하였던 것처럼 유대인들은 스스로를 감추고 살아가는 땅의 찌꺼기 같은 존재였을 것이다. 그들은 외국인으로 숨을 죽이며 살아야했던 보잘것 없는 타국인이었다. 이와 동시에 그들은 부림절에 이방인들을 대상으로 한 살육을 감행하여 폭력성을 보여준다. 물론 그들의 이 행동에는 나름의 이유가 있었던 것으로 보이나, 칼에는 칼이라는 보복 행위는 윤리적 문제를 드러낸다.

PART II 시와 지혜

제7강 시편: 시인들의 세계

1. 시인들의 세계

시편은 구약 속 시인들의 세계를 다룬다. 문학적 운율, 상징적 표현들에 기초한 노래와 기도는 역사서의 내러티브 양식과 다르며, 예언서의 미래를 예견하는 양식과도 구분된다. 역사서나 예언서와 달리 시간의 흐름이 없기에 시편을 어떤 시대적 상황에서 보아야 하는지 파악하기가 쉽지 않다. 그럼에도 시편의 여러 시들의 형성과 내용은 이스라엘의 역사 그리고 공동체의 모습과 관계된다.

물론 시편이 어떤 목적과 환경하에서 사용되었는지 단정하긴 어렵다. 다만, 크게 기도, 노래, 제의, 교육을 위한 목적으로 사용되었을 것으로 추정한다. 물론, 이 시들은 가장 중요하게 성전에서 드려지는 예배와 제의적 환경에서 활용되었겠지만, 일반가정 교육과 훈육에서 그리고 일상의 여러 상황에서도 여호와를 노래하는 것에 활용되었을 것이다. 또한 개인의 기도와 금식의 장소에서도 수집되어 끊임없이 불리워졌다.

2. 표제어

시편의 많은 표제어들은 엄밀히 말해 책의 저자가 작성한 기록이 아니며, 해당 시편의 제목이 될 수도 없다. 표제어들은 실제 시편 저술 정황들과 무관하고 본문에서 이 표제어들이 묘사하는 상황을 입증할 어떤 증거도 발견되지 않는다. 따라서 표제어들은 최종 편집단계에서 임의로 삽입된 것으로 보아야 한다. 예를 들어 어떤 특별한 절기에 이 시편들을 왜 이렇게 사용되었는지 알 수 없다. 92편(안식일), 100편(감사), 30편(봉헌), 29편(장막절; 헬라 전승) 시편 14편과 53편의 내용은 매우 유사하나 표제는 완전히 다른 내용이다. 다만 기독교 전통 속에서 이 표제어들은 각 시편에 상황을 부여하여 효과적으로 읽는 수단으로 활용할 수는 있을 것이다.

3. 문학적 양식

시편 각 시들의 양식(형식)은 크게 8가지로 나눌 수 있다.[33] 큰 범주로 분류하면, 찬송, 애가(개인, 공동체), 감사(개인)로 나눌 수 있고, 추가적으로 지혜(교훈), 순례, 역사, 제의, 궁정(군왕)가 있다. 추가적으로 축복과 저주, 성전에 올라가는 노래, 승리(구원), 이스라엘의 감사, 설화, 율법, 예언, 즉위와 같은 특수 시편들을 만날 수 있다.

물론 이러한 분류들은 상호간에 겹치기도 하며 지나치게 과도한 분류는 과장된 면이 있기는 하다. 또한 같은 양식 분류에 따라 나뉜 각 시편이 모두 동일한 내용을 말하진 않는다. 이 문한 양식들은 각기 동일 정황과 상황에서 사용된 것은 아니다. 예를 들어 제의적 유형의 시편들이 모두 제의에 사용되었다고 보기 힘들며, 찬양시들이나 애가들이 제의와 무관하다고 말하기도 힘들 것이다. 따라서 이러한 구분법들이 모두 동일한 삶의 정황을 나타낸다고 말하기는 쉽지 않다.

이와 같은 문학 양식에 의한 분류의 문제점들을 인식하고 다음과 같은 시편의 형태들을 살펴보자.

---

33) Markus Witte, "The Psalter," in *T&T Clark Handbook of the Old Testament: An Introduction to the Literature, Religion and History of the Old Testament* (London: T&T Clark, 2012), 537-43; Hermann Gunkel, *The Psalms: A Form-Critical Introduction* (Philadelphia: Fortress Press, 1967).

찬송시

시편의 찬송시들은 신앙의 고백과 기도와 같은 형태로 드러난다. 주로 다음의 시편들에서 나타난다.(8, 19, 29, 33, 100, 103-5, 111, 113-4, 135, 145-6, 148-50) 여기에 언급된 찬양시들은 명령형과 분사 구문을 함께 사용하면서 회중들이 찬양에 적극적으로 가담하도록 독려한다. 이 찬양시들은 아마도 제의적 환경에서도 적극적으로 사용되었을 것이라고 추론할 수 있다.(예. 136편) 이 시들의 많은 부분들은 왕의 대관식에 관한 시로도 사용되었을 것이다.(47, 93, 91-99) 또한 시온에 관한 시들(46, 48, 76, 84, 87, 122)와 역사에 관한 시들(104)도 이 찬양시와 결합되어 나타난다.

개인 애가 (탄원시)

개인적 애가는 전체 시편의 25%(35-40개) 를 차지할 정도로 압도적인 분량을 차지한다.(3, 5-7, 10-13-14, 16-17, 22-23, 25-28, 35-36, 38-39, 41-43, 51, 54-57, 59, 61, 63-64, 69, 71, 86, 88, 102, 109, 130, 140-143) 추가적으로 확신의 시(4, 11, 16, 23, 27, 62), 성전 뜰에서 하나님의 심판을 기다리는 자들의 기도(3, 4, 5, 7, 11, 17, 23), 속죄의 시(6, 13, 38-39, 41, 51, 69, 102, 130) 등이 있다.

이 시들은 고통스런 한 개인의 탄원적인 기도의 형태를 띤다. (1) 하나님을 부름(기원), (2) 현실의 상황 혹은 고통의 제시 혹은 강력한 탄원이나 불평,(3)현재의 고통을 덜어 달라는 강력한 요청 (4) 마지막으로 현재의 감사와 찬양의 서약.

공동체 애가 (탄원)

애가의 두 번째 형태는 공동체적 단위의 탄원시이다.(44, 60, 74, 79-80, 83, 85, 89-90, 106, 125, 137) 이 형태의 시는 전체 이스라엘이 고난 중에 드리는 기도와 속죄의 내용을 담고 있다. 이는 자주 포로기간 동안 공동체가 드리는 특수한 국가적 절기와 관련되며(슥 7:12; 8:18), 공동체 애가는 기원 – 탄식–간구–곤경에 대한 묘사–간청–찬양으로 구성된다.

감사 (개인)

개인이 하나님께 드리는 "감사"토다)의 시이다.(9-10; 18; 30; 32; 34; 40:2-12 [Eng. 40:1-11]; 41; 66; 92; 116; 118; 138) 이 감사시는 아마도 예식과 축전에서 드리는 예물과 함께 여호와의 행하심에 대한 감사로 드려지는 제의적 특징을 지닌다.(30, 32, 34, 40-41, 66(13ff, 92, 116, 118, 138) 감사 기도는 두 구조적 특징을 가진다. 첫째, 간청자가 직접적으로 하나님을 부르며 감사의 표현을 드린다.(118:21) 둘째, 간청자가 구원을 증언한다.(시 34:5)

지혜 (교훈)

시편에는 잠언 혹은 훈육적 시들이 등장한다.(37; 49; 73) 이 시들은 자녀들 혹은 공동체에게 분명한 메시지를 알리고 교훈하는 목적을 가지고 있다. 하지만 이러한 교훈적 태도의 시들을 모두 지혜시편으로 구분하는 것은 쉽지 않다. 그럼에도 잠언 1-9장의 훈육적 발화의 의미를 가지는 텍스트가 존재한다. 예를 들면 시편 32편의 노래를 들 수 있다. "악한 자

에게는 고통이 많으나, 주님을 의지하는 사람에게는 한결같은 사랑이 넘
친다."(32:10)

위에서 언급된 주요한 문학적 양식 이외에 양식과 주제에 따라 아래와
같이 시편들을 구분해 볼 수 있을 것이다.

- 토라 (1; 19; 119)
- 역사 (77-78; 105-106; 114)
- 제의 – 회개: 6; 32; 38; 51; 102; 130; 143)
     – 시온: 46; 48; 76; 84; 87
- 궁정시 (Royal Psalm; 군왕; 2; 18; 20-21; 45; 68; 72; 89;
  101; 110; 132; 144)
- 즉위시 (Eenthronement Psalm; 29; 47; 93-99)
- 불평과 탄원 (Complaint Petition; 3-6; 8-14; 22; 25-28)
- 감사 (Thanksgiving; 135-136; 138; 144-150)
- 창조 (8; 29; 104)
- 보복 (69; 109; 137)
- 유배 (44; 74; 79; 126; 137)
- 할렐루야 (113-118; 135-136; 146-150)

4. 시편의 형성과 내용들[34]

시편의 배열과 구조는 불규칙적이고 명확하게 구조화 할 수는 없다.

---

34) 아래의 시편 형성에 대한 부분은 다음의 자료들을 참고한다. 사이볼트 클라우스
(Klaus Seybold), 이군호 역, 『시편입문』(서울: 대한기독교서회, 1995); Witte, "The
Psalter," 542-43.

하지만 시편 1편은 지혜와 관련된 주제를 다루면서 율법에 대한 순종을, 119편은 토라와 지혜에 대한 가르침으로 구조화되어 있다. 최종적으로 146-150편은 할렐루야 찬양시로 종결된다. 제럴드 윌슨(Gerald Wilson)이 주장한 것처럼,[35] I-III권은 다윗의 내러티브와 관련된 다윗 왕조의 통치와 실패를 묘사하고, IV권은 이 실패의 함의들을, V권은 여호와의 통치에 대한 미래에 대한 소망을 포함하고 있다고 볼 수 있다.

첫 번째 다윗의 시편 (R1)

시편은 여러 표제어에서 다윗에게 속하거나 다윗과 관련된 시들을 확인한다. 예를 들어 시편 72:20 "이새의 아들 다윗의 기도가 끝나니라". 아래의 리스트는 다윗 시로 명명된 부분이다. 대다수는 기본적인 시편의 골격을 형성한다.(총 73개의 시편들) 또한 이 시 중 몇몇의 시편은 동일한 시의 개정으로 보이는 시편을 포함한다.(예를 들어 시편 14//53; 70//40:14-18; 108//57:8-12+60:7-14가 있다.)

(1)다윗1: 3-41 (37개): 10, 33편은 제외된다.

(2)다윗2: 51-72 (18개): 66, 67, 71편은 제외되고 솔로몬의 시 72편이 첨가되었다.

(3)다윗 3: 108-110 (3개): 할렐루야 시, 116-118편을 첨가한다.

(4)다윗 4: 138-145 (8개): 할렐루야 시, 146-149편과 양 옆에

---

35) Gerald H. Wilson, *The Editing of the Hebrew Psalter*, *Dissertation Series / Society of Biblical Literature* (Chico: Scholars Press, 1985).

첨가된다.

(5)101, 103편 (다윗시): 90 (모세시)-107편에서 발견된다.

(6)이외에 86, 122 (11QPsa는 123편), 124, 131, 33편은 흩어져
있다.

이와 같은 다윗의 시편 가운데 가장 초기 텍스트는 시편 3-41장
(Book I; 1, 2장 제외)으로 추정된다. 이 다윗 시의 표제들은 다양한 방식
으로 음악가 다윗이 저술한 시처럼 혹은 다윗과 관계된 구체적인 역사적
배경에서 지어진 시임을 밝히고 있다. 광야와 사울과의 갈등, 성전, 그리
고 압살롬과 여러 대적들과 관계에서 발생한 갈등 구조들은 이 시들의 배
경이 되며, 하나님에 대한 다윗의 변치 않는 믿음이 강조된다. 예를 들어
표제어 "다윗이 아비멜렉 앞에서 미친 체하다가 쫓겨나서 지은 시"에서
그는 "젊은 사자는 궁핍하여 주릴지라도 여호와를 찾는 자는 모든 좋은
것에 부족함이 없으리로다"(시 34:10)고 말한다.

두 번째 다윗의 시편 (R2)

시편51-72장(72제외)은 다윗 시 컬렉션의 두 번째 부분에 해당한다.
51장은 승계 내러티브(Succcession Narrative)의 시작으로써 밧세바와
의 동침 후 나단의 비난을 받은 직후의 고통스런 기도가 담겨져 있다.

아삽의 시편들

다윗의 시들(51-72장) 다음에 추가되는 부분들은 아삽의 시편들이
다. 시편 50장과 Book III의 시작인 73-83장에서 등장한다. 아삽은 다

윗과 솔로몬의 치세에서 성전의 노래하는 자들의 리더처럼 활동했다.(대상 15:17; 16:5; 25:2; 대하 5:12) 포로기 이후 에스라-느헤미야의 귀환자 가운데 하나로써 아삽의 자손들이 예배를 수종 드는 자들로 언급된다.(에 2:41; 느 7:44)

고라의 시편들

고라의 시편들은 또 다른 다윗 시편의 추가된 부분으로 보인다. 아마도 초기 페르시아 시대에 추가된 것으로 보인다.(42, 43-49) 이 부분의 특징은 42-83편 전체에서 신의 이름을 주로 여호와가 아닌 엘로힘으로 명명한다는 것이다.

다윗과 연계된 시편 추가

또한 고라의 시편 84-85편, 다윗의 시편들 86편, 87-88편(고라)이 추가된다. 이 부분은 포로 후기 유대 민족의 스룹바벨이 행한 성전의 재건축과 관련된 소망과 관계된다. 이는 에스라-느헤미야 시대의 스룹바벨의 성전 건축과 이에 대한 학개 스가랴의 도전과 연계된다.

메시야 시편들

포로 후기의 성전 건축과 미래에 대한 소망의 바램은 메시아에 대한 기대감으로 드러난다. 메시야 시편은 시편 2편과 89편(에단의 시편)에서 주어짐으로써 두 번째 다윗 시편의 구조가 완성된다. "내가 나의 왕을 내 거룩한 산 시온에 세웠다."(2:6) "내가 내 종 다윗을 찾아내어 나의 거룩한 기름을 그에게 부었도다."(89:20) 다윗의 왕조를 통한 메시아에 대한 기대감은 사실 아케메니드 시대에 순탄하게 계승되지는 않았던 것 같다. 우리는 이것을 5세기 중반 귀환 공동체의 모습을 보여주는 에스라-느헤미야에서 보게 된다. 여전히 제사장 계급에 대한 불만과 반발의 목소리들은 커져갔다. 또한 역대기 저자는 다윗 왕조를 성전 건축과 관련된 것만 설명하였고, 에스라-느헤미야는 참된 귀환 공동체에만 관심을 두었다. 그럼에도 이 두 메시아 시편은 유다 왕조의 계승자로써 메시아에 대한 기대감을 피력한다.

세번째 컬렉션 (R3)
(여호와)즉위 시편들 (Enthronement Psalms)

시편 90-99편은 즉위 시편으로 표제어가 다윗은 아니다.(모세의 기도, 90; 안식일 노래, 92) 이 시편은 "하나님 나라" 신학에 대한 명백한 구절들이 등장한다. "여호와께서 다스리시니 만민이 떨 것이요 여호와께서 그룹 사이에 좌정하시니 땅이 흔들릴 것이로다 … 능력 있는 왕은 정의를 사랑하느니라 주께서 공의를 견고하게 세우시고 주께서 야곱에게 정의와 공의를 행하시나이다."(시 99:1, 4) 즉 메시야와 왕이 없는 시대에 여호와는 세상을 통치하시며 그의 나라는 질서 속에 서 있고 그는 만민을 다스리시는 신뢰할 만한 왕이시다. 여호와는 현재 열방을 통치하신다. 이와 동시에 즉위 시편들은 종말적 관점에서 임박한 새로운 나라를 기대하게 만든다.

추가

100-118은 여러 시들의 모음들로 이뤄진다. (1) 할렐루야 시: 103-104, 105, 107; (2) 다윗시: 108-110; (3) 찬송시 부록 111-114, 113-118,

116-118.

이 이외에도 다음의 시들이 포함되어 있다; 모세시(90, 91 [70인역에서는 다윗시]), 100(감사시), 101(다윗), 102(고난 속 기도), 103(다윗), 115.

지혜 (훈육) 시편들

지혜(훈육) 시는 대표적으로 시 1편과 119편에서 발견된다.36) 이는 세 번째 컬렉션 전체 프레임을 만든다. 시편 1편은 선인과 악인의 삶 그리고 길에 대한 잠언 이미지와 연결된다. 시편 119편은 말씀(토라)의 가치에 대한 시이다. 이 시들은 지혜적 특징과 토라를 동시에 강조한다. 이는 시편을 통한 이스라엘 교육에 관계된 삶의 정황을 드러낸다. 시편 119편은 히브리어 알파벳 22 글자의 소절들이 각각 8개의 구절들로 구성되어 전체적으로 176개 구절로 이뤄진다.

네 번째 컬렉션 (R4)

순례 전례)의 시

이 시편 모음은 순례자들의 노래로 불리워진다. 지혜 담론의 마무리 (1, 119장) 이후에 예배 공동체와의 필수적 관계로 마친다. 예를 들어 시편 120-134편이 이 경우에 해당된다. 시편 120편과 122편이 비교되고 132편은 134편과 비교된다. 이 시들에서는 성전에 오르는 자들의 기쁨과

---

36) Roger N. Whybray, "The Wisdom Psalms," in *Wisdom in Ancient Israel*, ed. John Day, Robert P. Gordon, and Hugh G. M. Williamson (Cambridge: Cambridge University Press, 1995), 152-60; *Reading the Psalms as a Book*, JSOTSup 222 (Sheffield: Sheffield Academic Press, 1996)

함께 포로기 이후 귀환자들의 즐거움을 함께 노래하고 있다.

할렐루야 시 (135-136편)

이 시는 할렐루야로 시작하며 여호와께서 자신의 백성들을 위해 행하신 구원을 감사하며 이를 노래한다.

추가된 다윗시 (138-145편)

시편 138-145편에서는 다시 다윗의 시가 등장한다.

할렐루야 찬양시 (146-150편)

146-150편은 최종적 "할렐루야" 찬양으로 마무리된다.

[표. 시편의 형성사를 통해본 책의 분류]

Book I 1-41			Book II 42-72			Book III 73-89				Book IV 90-106	Book V 107-150			
R3	R2	R1	R2							Supplement?				
										R3	R4			
1	2	3-41	42,43-49	50	51-72	73-83	84,85	86,87	88,89	90-119	120-134	135-136	138-145	146-150
지혜	메시야(89)	다윗1	고라	아삽	다윗2	아삽	고라	다윗/고라	고라(헤만)/에단	즉위시(90-99), 다윗시(101, 103), 다윗3(108-110) 90장은 모세에 대한 표제어	순례시	할렐루야	다윗4	할렐루야 찬양시
			72장 솔로몬시						2, 89(메시야)	시 2-89의 보충? 119편은 지혜시				

5. 토라와 지혜가 결합된 형태로써의 시편

지혜 시편 혹은 지혜에 토라가 결합된 형태들이 있다. Book I, III, IV, V 각 권의 시작에 이 시들이 배치된 것은 의도적이다.

I: 1, 12

II: 49, 53

III: 73, 78, 86: 73은 전체 시편의 중심부에 위치

IV: 90, 92, 94, 105

V: 107, 119

6. 시편과 토라

시편의 각 권(I-V)의 시편들의 수는 다음과 같다.

Book I: 1-41 (총 41개의 시편)

Book II: 42-72 (총 31개의 시편)

Book III: 73-89 (총 17편의 시편)

Book IV: 90-106 (총 17편의 시편)

Book V: 107-150 (총 44편의 시편)

이 구성에서 III권과 IV권은 각각 17편으로 대응을 이루며, I권과 V권도 비슷한 수로 대응된다. 이로 인해 일부 학자들은 이 다섯 권의 분류가 고의적이며 이는 모세오경 (토라)의 구조를 모방한 것이라 생각한다. 또한 이 시편의 분류와 함께 시편은 회당의 성경에 따른 일과에 사용

한 것으로 보기도 한다. 즉 오경과 시편을 3년주기로 낭독한다.

7. 신학적 함의

첫째, 시편의 시들은 개인과 국가가 경험한 수많은 좌절과 승리에 대한 삶의 흔적들로 넘쳐난다. 궁정에서 일어난 일에서 광야와 이방인의 땅에서 살아갔던 자들의 삶의 자리 그리고 현재 그들이 겪고 있는 삶의 절망과 소망이 담겨져 있다. 여호와가 선택하신 거룩한 시온, 거룩한 곳에서 여호와의 임재(24, 46, 48, 87)에 대한 인식과 궁정에서 예배하는 모습이 남겨져 있다.(2, 18, 110)

이 시편의 바탕을 이루는 시들에는 이스라엘과 여호와 사이의 언약적 관계에 대한 개념으로 가득 차 있다. 특히 즉위시, 감사시, 애가시, 찬양시, 토라시등에는 여호와의 주권적 은혜와 하나님의 통치에 대한 약속과 믿음이 내포되어 있다. 또한 미래에 다가올 메시야에 대한 약속과 믿음을 시편기자는 표현한다.

또한 구속사 주제들인 족장에 대한 약속, 출애굽의 사건, 시내산에서의 율법과 언약, 광야에서의 방황, 약속의 땅에서의 정복과 정착에 대한 역사에 관한 회고가 포함된다. 이 사건들은 현재를 들여다 보는 창이다. 이 사건들 속 여호와에 대한 찬양은 성소와 왕궁과 유배지에서도 끊어지지 않고 이어진다. 창조주 하나님의 위대한 창조에 대한 칭송(74, 89, 104, 148, 33, 95, 135, 136,147)은 그의 승리를 선언한다.

둘째, 시편의 바탕에는 Book I-IV까지 다윗 표제어의 시가 압도적인 수를 차지한다. Book I을 보면, 다윗과 관계된 시편들은 역사적 시들로 보인다. 여기에는 다윗의 경건함과 그에 대한 구원의 역사를 기초로 독자들에게 교훈을 주려는 목적을 보인다. 이와 함께 시편은 종말론적 해석을 제공한다. 예를 들어 시편 2, 72, 89는 무너졌던 다윗 왕가에 대한 언약을 다시 되살리려는 시도를 보여준다. Book IV-V는(90-150) 이와 같은 왕정의 실패에 대한 포로 후기의 신학적 응답이다. 120-134편의 성전으로 올라가 아름다운 예배를 꿈꾸는 그들의 마음은 아직 솔로몬의 영광에 훨씬 미치지 못하는 왕국의 영광에 대한 그리움을 담고 있다. 결국 시편은 전체적으로 다윗 왕조의 실패에도 불구하고 좌절하지 않고 미래를 향한 새로운 동기부여와 소망을 품게한다. 그렇다면 시편 전체를 무너진 왕정에 대한 합리적인 응답으로만 볼 수 있을까?

셋째, 시편 여러 텍스트는 다윗 왕가와의 연관성과 함께 메시아를 통한 "종말론적 회복"뿐 아니라, 유대 공동체의 주요 관심사를 반영한다. 가장 중요하게 토라 시편은 후기 유대교의 사상에서 핵심을 형성하며 토라(지혜) 시편은 율법에 관한 절대적 헌신과 복종을 요구(시편 1, 119; 참조. 19)한다. 이와 함께 지혜 시편들(지혜=토라)은 전통적인 지혜의 가치들을 근간으로 믿음과 의심, 인간 존재의 의미, 피조세계에서의 인간의 위치에 대해서 논한다.(예. 시편 8)

하지만 지혜와 토라에 대한 관심사를 넘어서는 시편의 다른 관심사가 존재한다. 시편은 제사 의식에 관심을 보이며 이는 포로 후기 제사장들의 관심이었을 것이다.(시편 4, 26-27, 42-43, 54, 66, 107, 116, 118) 그럼에도 아케메니드 시대의 다른 텍스트에 비해서 제사장적 관점은 명확히 시편에서는 드러나지 않는다.(참조. 호 6:6 암 5:22, 25; 미 6:6-8; 사 1:11; 렘 6:20; 삼상 15:22) 성전이 재건된 이후, 말씀에 대한 순종의 필요성이 더욱 대두되었고, 제사 의식은 필수적이지 않다는 견해가 제기되었던 것 같다. 이로 인해 시편에서는 반제사장적 관점이 부각된다.(시 40, 50- 51, 69, 141) 시편의 여러 본문들은 제사 그 자체에 대해 관심을 크게 두지 않는 경향을 보인다.

넷째, 시편의 메시아 사상은 신약의 그리스도의 오심과 연결될 수 있을지 모른다. 시편 89장은 영원한 하나님의 나라를 다스릴 메시아에 대한 기대감으로 가득 차 있다. 이처럼 메시아 사상은 90-99편에서 하나님 나라에 대한 찬양과 기쁨으로 충만하다.

제8강 잠언: 고대 이스라엘 자녀양육 교과서

1. 지혜문학과 잠언

잠언은 지혜문학에서 어떠한 위치를 점유하는가?[37] 이를 위해 잠언은 이스라엘 역사의 속에서 언어적, 신학적으로 어떠한 유사성과 차이점이 있을까란 질문을 할 수 있다. 이 글에서는 첫째, 장르로써 지혜 문학을 어떻게 이해해야 하는지를 진술한 다음, 역사적 발전 속에서 잠언을 욥기, 전도서와 함께 어떻게 보아야 하는지 말한다. 둘째, 잠언이 가지는 신학적, 언어적 특성들을 구체적으로 살펴보고자 한다. 셋째, 구체적인 해석을 위한 제언을 통해 우리 시대에 잠언을 어떻게 읽어야 할지를 생각한다.

지혜 문학이라는 유사성은 존재하는가?

잠언, 욥기, 전도서를 설명하는 가장 중요한 장르는 바로 지혜이다. 그렇다면 지혜는 무엇인가? 지혜는 세속적인 요소를 가지는 것 혹은 신학적 ·종교적 요소를 가지는 것으로 생각된다. 지혜 장르를 정의할 수 있는지 혹은 정의할 수 없는지, 만일 정의를 할 수 있다면 어떠한 근거로 정의할 수 있는가에 대한 논의는 크렌쇼우와 와이브레이의 문제 제기 이래로 지속적으로 영미권의 학자들에 의해서 문제가 제기되었다.[38] 또한, 최근

---

37) 잠언에 대한 개론 부분은 다음의 내용을 참고한다. 권지성, 『특강 잠언』(서울, 한국: IVP, 2024).

38) James L. Crenshaw, "Method in Determining Wisdom Influence upon 'Historical'

여러 학자들은 지혜문학의 양식, 스타일, 모티브, 주제를 가지고 유사성을 가지는 가족 유사성에 근거를 두고 정의하려 했다.

먼저 양식/스타일을 생각해 보자. 잠언은 통상 격언, 충고 문학의 전형적 형태를 취한다. 이에 반하여 욥기는 내러티브(이야기) 구조가 처음과 끝에 자리하고 있지만, 욥기 3-41장 전체는 다이얼로그 구조의 드라마적 구조를 가지고 있다. 전도서는 코헬렛의 개인 자서전 형태를 가진다. 두 번째로, 핵심 모티브와 주제는 어떠한가?이다. 잠언 1-9장 배치된 주요 메시지는 부모의 명령과 가르침에 대한 순종을 통한 지혜의 소유에 있다. 그 목적에 대해 잠언은 이렇게 말한다. "이는 지혜와 훈계를 알게 하며 명철의 말씀을 깨닫게 하며 지혜롭게, 공의롭게, 정의롭게, 정직하게 행할 일에 대하여 훈계를 받게 하며"(잠1:2-3) 이에 반하여 욥기와 전도서의 핵심 메시지는 이와 거리가 멀다. 욥기 1:2은 "온전하고 정직하여 하나님을 경외하며 악에서 떠난" 인류 역사에서 가장 지혜로운 한 개인의 목적이 없는 고통에 대해서 묘사한다. 그것은 잠언적 메시지를 정면으로 부정하는 것이다. 전도서의 코헬렛은 "지혜가 많으면 번뇌도 많으니 지식을 더하는 자는 근심을 더하느니라"(전 1:18)고 말함으로써, 헤벨(개역개정 번역은 "헛됨")의 세상에서 지혜 무용론을 설파한다. 따라서,지혜문학이라는 용어를 완전 폐기할 필요는 없으나, 우리는 "지혜 문학"이라는 범주 속에 포함된 세 권의 책이 확고하게 정의될 수 있는 어떤 공통성을 가졌다고 생각하기 힘들다는 점을 유념할 필요가 있다. 최근의 연구들은 이 지혜 문학을 어떤 하나의 현명하게 되는 것, 삶을 성공으로 이끄는 것, 그리고

Literature," in *Studies in Ancient Israelite Wisdom*, ed. James L. Crenshaw, LBS (New York: Ktav, 1976), 481-94; Roger N. Whybray, *The Intellectual Tradition in the Old Testament*, BZAW 135 (Berlin: De Gruyter, 1974).

교육과 훈육과 지혜에 관한 "지혜 담론"으로 보려는 경향이 강하다.

지혜문학은 역사적 발전 과정을 거쳤을까?

그렇다면 잠언, 욥기, 전도서의 세 책의 관계성에 대해서 무엇을 말할 수 있을까? 사실 이 질문에 대해 주로 역사적 발전이라는 가설에 기반하여 대답 되어져 왔다. 즉 상당수의 학자들은 잠언의 규범적인 진리 체계에서 후기의 저항 문학인 욥기로, 그리고 최종적으로 삶에 대한 회의로 채워지는 전도서로 발전해 왔다고 주장해 왔다. 그러나 이 가설은 최근에 상당 부분 무너졌으며 그 시효를 다했다. 가장 큰 이유는 바로 세 책의 저술 연대 때문이다. 첫째, 잠언과 욥기의 저작 연대를 발전적 방식으로 추정할 이유가 없다. 잠언 10-29장의 저술은 포로기 이전 7세기에 이미 존재했으며, 6-5세기경에 완성된 것으로 생각하며, 잠언 1-9장 과 30-31장은 5-3세기에 걸쳐 완성된 것으로 본다. 욥기 역시 포로기 이전에서 3세기에 이르는 최소 300년 이상의 기간의 축적된 지적 산물로 본다. 따라서 잠언의 저술이 완성된 시기가 욥기보다 먼저라고 추정한다 하더라도 욥기 역시 상당한 시간 동안 잠언과 함께 포로기 이전에서 이후 4세기까지 무려 300년 이상 동시에 저술되었기 때문이다. 따라서 기존 학설처럼, 잠언과 욥기가 어떤 발전적 단계를 거쳐 발전된 것이라 볼 이유가 없다. 둘째, 전도서에 대해서 많은 학자들은 3세기 중반의 프톨레마이오스 시대의 헬라적 유대주의를 반영(헹엘)한다고 주장해 왔고, 많은 부분이 잠언에서 발전한 어떤 전통에 대한 회의적 태도를 반영한다고 생각해 왔다. 그러나 전도서에 등장하는 많은 회의주의적 가치관은 이미 고대 근동에 일반적으로 전해져 내려오던 것으로 격언, 충고 문헌의 범주에서 벗어나는 것으로 볼 필요는 없다.

　더욱이 잠언, 욥기, 전도서는 충고문학 혹은 인스트럭션(Instruc-tion) 장르의 전형을 따르는 것으로 보아야 한다. 가장 대표적으로 이집트 아메네모페의 인스트럭션(The Egyptian Instruction of Amene-mope)과 잠언 22:17-24:22 간의 유사성이다. 지난 수 십 년간 상당 수의 학자들은 잠언이 신왕국시대(특히, 라메사이드[Ramesside Period; 기원전 1300-1075])의 이 문헌을 알고 이용 했었을 것이라 추정해 왔다. 물론 직접적인 인용의 가능성보다 보편적인 격언들의 모음집으로써 이스라엘의 가정과 사회 속에서 일반적인 적용으로 보는 것이 합리적이다.

잠언의 특징

　다음으로 욥기와 전도서와 대비하여 잠언의 특징과 차이점을 살펴보자. 첫째, 가장 큰 특징은 세상의 질서에 대한 개념이다. 잠언은 세상의 질서가 부모의 법과 가르침 그리고 더 크게 율법의 원칙들의 준수에 의해서 유지된다고 생각한다.39) 부모의 가르침을 지키는 것을 거부해서는 안되고 주의 깊게 들어야 하며 이를 지킴으로써 축복을 획득할 수 있으며, 여기에 수많은 격언들의 해석의 핵심이 있다.(잠10-29) 다시 말해 10장 이후의 격언들은 언제나 1-9장의 주요 가르침의 프레임 속에서 해석되어야 하며, 삶의 질서와 체계를 확립하는 것이 그 핵심이다. 예를 들어 지혜자의 잠언집(22:17-24:22)에서 "네가 관원과 함께 앉아 음식을 먹게 되거든 삼가 네 앞에 있는 자가 누구인지를 생각하며"(23:1)라는 격언은

---

39) Richard J. Clifford, *Proverbs: A Commentary*, OTL (Louisville: Westminster John Knox, 1999), 19.

22:17의 "너는 귀를 기울여 지혜 있는 자의 말씀을 들으며 내 지식에 마음을 둘지어다"에서 서술하는, 아비의 지혜를 소유하는 것이라는 프레임 속에서 해석해야 한다. 이것은 이미 5:1에서 말한 바 "내 아들아 내 지혜에 주의하라"는 인스트럭션과 일치한다. 잠언은 무질서한 삶에 경종을 울리고 준엄하게 충고하고 그 길을 돌이키게 하는 것에 목적을 둔다. 예를 들어 "불의의 재물은 무익 하여도 공의는 죽음에서 건지느니라"(10:2)는 격언은 개인의 도덕적 미덕을 강조하며, 이러한 의로움을 소유한 자는 하나님의 공급하심을 얻게 된다.(10:3)

둘째, 의인화된 지혜의 사상이다. 잠언 1-9장의 가르침들 속에 삽입된 형태로 드러나 있는 이 의인화된 지혜는 하나의 독립된 시적 특성을 지닌 단위로 존재한다.(1:20-33; 3:13-20; 8:1-36; 9:1-18) 물론 욥기 28장에서 이와 유사한 지혜를 칭송하는 것으로 보이는 아름다운 시가 등장한 것을 통해 욥기의 저자가 잠언 1-9(특히, 8장)을 참조했을 가능성이 있어 보인다.[40] 하지만 독립된 객체로써 묘사되는 잠언의 의인화된 지혜와는 다소 차별된다. 욥은 자신의 고통의 원인을 이해하려는 열망이 있기 때문에 여호와의 지혜를 소유하기 원한다. 그러나 욥은 여호와의 지혜는 결코 인간이 도달할 수 없는 영역에 있어, 인간은 그 위치에 대한 지식을 가지고 있지 못하며 오직 그것은 신적 주권 아래에 있다는 것을 깨닫게 된다.(욥 28:12-14, 20-27) 인간은 지혜에 접근할 수 없다는 욥기의 선언은 잠언의 맥락과 모순된다. 그 이유는 잠언의 의인화된 지혜는 언제나 인간에게 접근 가능하며 인간이 그 초대에 응하기만 하면 이후의 축복은

---

40) Shimon Bakon, "Two Hymns to Wisdom: Proverbs 8 and Job 28," *JBQ* 36 (2008): 222-30.

보장된 것이나 다름없기 때문이다. 예를 들어 3:13은 유명한 "복이 있나니"(Mascarism)라는 진술 속에서 "지혜를 얻은 자와 명철을 얻은 자는 복이 있나니"고 말하며, 8:17은 "나를 사랑하는 자들이 나의 사랑을 입으며 나를 간절히 찾는 자가 나를 만날 것이니라"고 진술한다.

셋째, 의인화된 지혜가 의인화된 어리석음(Lady Folly; 잠 9:13-18)과 대응을 이루것이, 잠언만의 독특한 이미지이다. 또한 의인화된 어리석음은 잠언 1-9에서 이방 여인(Foreign woman; 5:1-23; 6:20-35)에 대한 본문과 대응을 이룬다.(의인화된 어리석음과 이방 여인은 동일한 대상이 아니다) 이 이방 여인이 누구인가에 대한 여러 다양한 해석적 관점이 있다. 대표적으로는 이 여인이 실제 음녀 혹은 창녀의 하나로 볼 수도 있고, 비유적으로 이방인들의 제사에 등장하는 우상 혹은 신상을 가리키는 것일 수도 있을 것이다. 혹은 모든 악한 행실 혹은 "악" 그 자체를 상징적으로 시사하는 것일지 모른다. 이 이방여인을 에스라-느헤미야의 문맥에서 생각해 본다면, 이방 여인과의 혼인에 대한 경고와 개혁과 연결하여 생각할 수 있을 것이다.(에 10:1-44) 물론 이러한 에스라의 문맥 속에서 잠언의 이방 여인을 해석하는 명확한 근거가 있는 것은 아니나, 가능한 독법의 하나로 생각할 수 있을 것이다. 잠언과 전도서는 이에 대해 전혀 언급하지 않는다.

셋째, 고통의 문제에 대해서도 잠언은 분명한 입장을 취한다. 그것은 신명기 신학이 보여주는 보복의 신학의 경우와 전반적으로 유사하다. "마음이 지혜로운 자는 계명을 받거니와 입이 미련한 자는 멸망하리라."(10:8) " 여호와의 도가 정직한 자에게는 산성이요 행악하는 자에게는 멸망이니라."(10:29) 지혜로움은 순종을 동반하며, 미련한 자는 멸망을 초래한다. 따라서 악과 고통의 문제는 법과 가르침에 대한 불순종, 무지한 인간의 책임으로 비춰진다. 이에 반하여 욥기는 세상에서 여호와를 가장 경외했던 한 명의 인물이 이유가 없는 고통을 어떻게 당하는지 보여주는 책이다. 즉 율법과 말씀에 대한 순종은 오히려 세상에서 가장 악한 일이 개인에게 일어나는 동인이 된다. 전도서에서 재앙과 고통은 개인의 율법에 대한 순종, 지혜의 소유의 유무와 무관하게 누구에게나 일어나는 일이다. 어떤 일이 일어나야 한다면 그 누구도 하나님이 하시는 일을 막지는 못한다. "의인들이나 지혜자들이나 그들의 행위나 모두 다 하나님의 손 안에 있으니 사랑을 받을는지 미움을 받을는지 사람이 알지 못하는 것은 모두 그들의 미래의 일들임이니라."(전 9:1) 그러나 인간의 고통은 스스로가 초래한 것이라는 생각을 단순화시켜서는 곤란하다. 잠언은 자주 인간의 도덕적 행위를 넘어서는 운명을 강조한다. 그것은 신적 능력의 행사로 인하여 발생하는 것으로 그 원리는 인간에게 드러나는 것이 아니다. 예를 들어 잠언 16:1-9은 이를 가장 극대화시켜 보여준다. "여호와께서 온갖 것을 그 쓰임에 적당하게 지으셨나니 악인도 악한 날에 적당하게 하셨느니라."(16:4) "사람이 마음으로 자기의 길을 계획할지라도 그의 걸음을 인도하시는 이는 여호와시니라."(16:9) 이 구절들이 강조하는 것은 인간의 예측과 보복의 원리를 압도하는 이해하기 힘든 신적 원리와 행위가 존재함을 말해준다.

넷째, 징계(discipline)에 대해 생각해 보자. 잠언 3:11-12을 보면, 여호와의 징계는 아버지의 징계와 다르지 않다. 징계는 사랑의 표현이며 선택된 자라는 표징으로써 드러나기 때문에 그것은 미련한 자를 위한 것이 아니라 슬기로운 자를 위한, 더 나은 선을 위한 것이다. 마찬가지로 욥기에서 엘리파스는 구원의 목적을 위해 주어지는 하나님의 징계를 무시해서 안된다고 말한다. 하지만 욥기에서 엘리파스가 때론 고통이 징계일 수있다는 설명은 욥의 고통의 원인을 전혀 설명하지 못한다.(욥 5:17) 그것은 욥기에서 여호와에 의해서 정죄 되는, 틀린 말이 된다.(욥 42:7-9)

넷째, 여호와 경외의 관점은 어떨까? 여호와 경외는 잠언 1-9장에서 강조되며, 이는 잠언 31장의 현숙한 여인의 비유에서 현숙한 여인에 대한 칭송의 일부이다.(31:30) 여호와 경외는 아비의 명령과 가르침에 대한 순종 혹은 지혜에 대한 추구로써 주어지는, 지혜로 인하여 발생하는 것들 중의 하나이다.(잠 2:5-6; 참조. 8:13) 여호와 경외는 새로운 지적 생태계 속에서 지혜에 의해서 투영된 새로운 종교적 감정이다. 그렇다면 이 여호와 경외의 정서가 다른 책에서도 동일하게 드러나는 것일까? 욥기는 세상에서 가장 여호와를 경외했던 한 명의 인물이 어떻게 이유가 없는 고통을 당하는지 보여주는 책이다 . 여호와 경외 사상은 욥기에서 주제가 되지 못하며 여호와 경외는 어떤 것도 보장해 주는 것이 없으며 지혜의 결과도 아니다. 오히려 그것은 재앙의 원인이며, 경외는 욥기에서 여호와에 대한 굴복과 종속을 의미하는 것일 수 있겠다.(욥 28:28) 전도서의 경우, 여호와 경외가 등장한다. 하지만 이 경외의 종교적 정서는 잠언과 일치하지 않는다. 그것은 두려움이다. 예를 들어 전 5:7b는 "오직 너는 하나님을 경외할지니라"고 말한다.[41] 겉으로 보기에는 잠언의 진술과 다르지 않아 보인다. 하지만 이 구절이 속한 5:1-7 전체는 성전에 나아가는 자는 제물이 문제가 아니라 자신의 행위를 먼저 돌아 보아야 하며, 함부로 서원하는 행위를 해서는 안된다고 말한다. 이 때, 코헬렛은 "하나님은 하늘에 계시고

41) 다음 책을 참조하라. 권지성, 『특강 전도서』 (서울, 한국: IVP, 2021).

너는 땅에 있음이니라"(5:2)고 말함으로써, 여호와의 절대적 타자성을 강조한다. 인간은 피조물일 뿐이며, 창조주와 본질적으로 다른 존재임으로 그를 두려워해야 한다는 것이다. 이는 지혜를 소유함으로써 주어지는 선한 보상 혹은 성공의 하나로써 종교적 경외라는 정서(1:7; 9:10)와는 다른 어감을 가진다. 또한 경외는 코헬렛의 말에 대한 편집자의 최종적 평가에서 언급된다. "일의 결국을 다 들었으니 하나님을 경외하고 그의 명령들을 지킬지어다"(12:13) 물론 코헬렛은 경건한 유대인이었을 것이나, 그에게 잠언식 보응에 기초한 여호와 경외 사상은 찾아볼 수 없다.

다섯째, 잠언은 지혜의 소유자가 여호와이며, 그를 향한 절대적인 복종을 강조한다. 잠 2:5은 "대저 여호와는 지혜를 주시며 지식과 명철을 그 입에서 내심이며"(참고. 2:6-7; 3:19; 8:22)라고 말하면서, 지혜의 소유자가 누구인지 분명히 말한다. 물론 욥 28:28에서도 "보라 주를 경외함이 지혜요 악을 떠남이 명철이니라"고 말한다. 욥기 28장에서도 지혜의 주인은 여호와임에 분명하다.(물론 지혜에 대한 인간의 접근은 제한된다) 코헬렛의 주제는 인간 역사의 모든 것은 여호와에게 종속되었음을 강조하지만, 코헬렛은 여호와의 지혜 분배에 대해 언급하지는 않는다. 그러나 다시금 잠언은 지혜 습득에 대해 회의적 시각을 견지하기도 한다. 가장 흥미로운 예는 아굴의 잠언인 30:1-4에서 드러나며, 이 구문에서 저자는 인간은 짐승과 다름 없는 무지한 존재일 뿐이며(참조. 전 3:19), 신비로운 지혜의 영역에 도달할 아무런 능력이 없음을 토로한다. 이는 전도서의 정서와 일치한다. "내가 지혜자가 되리라 하였으나 지혜가 나를 멀리 하였도다"(전 7:23; 참조. 7:23-8:1a)

정리하면 지혜 문학에서 잠언은 "지혜"라는 범주 속에서 일반화를 시켜선 안되며, 잠언만의 독특한 스타일과 신학적 경향성 속에서 해석해야 한다. 잠언-욥기-전도서의 역사적 발전론 즉, 욥기와 전도서가 잠언에 대한 비평적 시각 혹은 전통에 대한 저항이라는 프레임에서 해석하는 오류를 범해서는 안된다. 잠언의 많은 교훈들과 격언들은 도덕적, 윤리적, 법적 의미들을 함께 담고 있으며 구약의 신명기 율법 속에서 온전한 문맥적 정황을 발견할 수 있을지 모른다. 하지만 잠언은 국가적 법적 강제력이 있는 법과는 다르며 가족과 학교, 교육적 환경 속에서 그리고 사회적 윤리의 차원에서 이해되어야 한다. 하나님과 인간 사이의 개인의 경건과 초자연적이고 신비로운 신적 행위에 대한 이해의 틀을 제공하는 인스트럭션 문학으로써 잠언의 위치는 신학적으로 상당한 차이를 보여주는 욥기와 전도서와 비교, 대조 속에서 그 의미를 분명히 파악할 수 있다.

잠언의 해석학

마지막으로 잠언 전체의 주해와 해석을 위한 해석학적 고려사항을 잠시 생각해 보며, 다음의 본문에 대한 설교를 듣는다고 가정해 보자. "게으른 자여 개미에게 가서 그가 하는 것을 보고 지혜를 얻으라 … 네가 어느 때까지 누워 있겠느냐 …."(잠 6:6-11) 혹은 "부지런한 자의 손은 사람을 다스리게 되어도 게으른 자는 부림을 받느니라"(12:24) 설교가는 이렇게 말한다. "개미의 성실함을 좀 보십시오! 저렇게 근면하게 일했기 때문에 지금 이렇게 하나님이 복을 부어 주시는 것입니다. 게으르게 살면 가난이 임하게 되니 성실하게 살아야 부유함이 찾아오고 그것이 지혜입니다". 당신은 이에 대해서 어떻게 반응할 수 있을까? 잠언의 핵심 메시지로 "부요함은 한 개인의 도덕과 경건에 대한 표식이다"라는 것일까? 부분적으로 맞는 말이지만 잠언이 궁극적으로 가리키는 것은 아니다.

　해석자는 이 격언들, 속담들, 훈계들을 주해하고 세심한 적용을 할 수 있으나, 잠언의 해석학적 렌즈인 잠언 1-9장을 온전히 이해해야 하며 그 빛 속에서 설교해야 한다. 왜 일까? 그 이유는 잠언 자체의 구조가 그렇게 설계되었기 때문이다. 근면 성실하게 살아라! 그것은 도덕적이고 교훈적인 말인 동시에, 가난은 개개인의 게으름의 산물임을 정당화시켜주는 결과를 만들어 내지만 이는 잠언의 신학과 배치된다.(잠언은 불의한 소득에 대해서도 경고한다; 예. 16:8) 이런 설교는 최악의 해석적 결과를 만들어 낼 뿐이다. 잠언 1-9장은 언제나 부모의 교훈을 듣고 순종할 것을 촉구한다.(예. 1:8; 2:2-3; 3:1-10, 21; 4:1-19) 왜 부모의 훈계와 법을 멸시하지 않아야 하는가? 그 이유는 오직 듣고 순종하는 것만이 궁극의 신적 지혜를 얻는 방편이기 때문이다. 율법과 부모의 말을 듣고 행하지 않으면 여호와의 지혜를 얻을 수 없으며, 여호와를 경외함에 이르지 못한다.(2:1-22) "곧 지혜가 네 마음에 들어가며 지식이 네 영혼을 즐겁게 할 것이요"(2:10) 잠언은 최고의 것을 추구하고 찾으라고 말한다. 그것은 여호와에 대한 경외심, 곧 두려움과 사랑이다. 그것을 위해 격언과 교육(잠언 10-29)은 존재한다. 다시 말해서 제시되는 잠언들과 금언들은 단순히 지혜에 이르기 위한 과정이지 목적 자체는 아니다.

　잠 13:11을 당신이 설교한다고 생각해 보라. "망령되이 얻은 재물은 줄어가고 손으로 모은 것은 늘어가느니라". 재산을 잘 축적하려면 스스로 경건하게 물질을 모아야 한다는 것을 말하고자 하는 것일까? 이 한 문장은 그것 자체로 의미를 가지지만, 이 격언이 뜻하는 바는 그 언어적 역할의 결말이 아니다. 그 결말은 언제나 잠언 1-9장의 프레임으로 가서 맺어야 한다. 재미있는 것은 잠언 1-9장은 신명기와 예레미야와 무척 친밀하게 닮아 있다. 신명기의 쉐마 이스라엘 그리고 예레미야의 새 언약 사상이 그것이다. 이것은 또 다른 중요한 주제이다.

2. 인스트럭션 장르

잠언에서 사용되어지는 다채로운 장르는 크게 보자면 인스트럭션(Instruction, 가르침, 훈계) 장르이다. 이 장르는 기존의 이집트, 메소포타미아, 시리아의 다양한 텍스트 전통에 기반을 두고 있으며 이러한 문학 장르는 이후 이집트, 헬라시대 유대에서 흔하게 볼 수 있는 장르가 되었다.42) 이 장르들은 내러티브, 격언, 가르침등과 같은 다채로운 양식들을 차용하며, 그 내용에 있어서도 일반 교과서와 같은 문헌 뿐만 아니라 체제 비판적인 텍스트 혹은 비관주의적 텍스트에 이르기까지 다채롭게 분포되어 있다. 따라서 "지혜"라는 장르가 별도로 고대근동 문헌에 있는 것이 아니라 인스트럭션 장르라는 분류가 더 정확한 잠언-욥기-전도서의 장르로 보아야 할 것이다. 구체적인 세부형태는 다음과 같다.43)

잠언(proverb): 잠언의 시작은 솔로몬의 "잠언"(미슬레이(단수, 마샬), 1:1)으로 책의 형태를 지정한다. 국립국어원에서 "잠언"은 "가르쳐서 훈계하는 말"로 정의한다. 잠언에서 마샬은 주로 "여호와를 두려워하는 자들 가운데 통용되는 경구 혹은 격언을 의미한다.44) 란데는 "마샬은 한

---

42) 권지성, 『특강 잠언』 (서울, 한국: IVP, 2024).

43) Bruce K. Waltke, *The Book of Proverbs: Chapters 1-15*, NICOT (Grand Rapids: Eerdmans, 2004), 55-58; Markus Witte, "The Book of Proverbs," in *T&T Clark Handbook of the Old Testament: An Introduction to the Literature, Religion and History of the Old Testament* (London: T&T Clark, 2012), 575-78.

44) Waltke, *Proverbs 1-15*, 56.

모델, 한 원형, 혹은 패러다임을 전달하려는 목적으로 만들어진 비교 혹은 비유"를 의미한다고 말한다.45)(왈트키, 56) 물론 잠언 자체는 인간의 경험과 기술을 축약된 언어로 담아낸 것으로 단순히 은유나 상징으로 축소시켜서는 안된다.

잠언들과 속담들(proverbs and sayings): 잠언과 조금 다르게 속담은 국립국어원에 따르면 "예로부터 민간에 전하여 오는 쉬운 격언이나 잠언"로 정의된다. 잠언(The book of Proverbs)은 내용면에서 크게 잠언(1:1)과 현자들의 격언(디브레이 하카밈; 1:6)으로 나뉜다. 특히 현자들의 잠언에 대한 컬렉션이 격언에 해당된다.(22:17-24:34)

짧은 속담들과 긴 훈계(충고; Admonition): 학자들은 주로 잠언서의 형태를 두 가지 분류로 나눈다. 첫째, 훈계/충고 스타일로써 주로 I, III-IV가 이에 해당한다. 둘째, 잠언들은 II, V가 이에 해당한다.

세부화 된 스타일: "선언적 금언"(26:27), "더 나은 것"(Comparison; 17:1), 숫자 잠언(Mumerical saying; 30:24-28), 훈계/충고(22:17-19, 22-23), "복이 있나니"(Blessing/happy; 3:13), "충고로 가는 부름" The call to attention; 7:24), 훈육 담론(1:8; 5:3-6; 23:29-30), 시(1:20-33; 8:1-36; 9:1-18), 기도(30:7-9).46)

3. 문학적 구조

잠언 전체 구조에서 헤딩(Headings; Superscripts)는 7개가 제시된다.(1:1; 10:1; 22:17; 24:23; 25:1; 30:1; 31:1) 이를 기준으로 잠언 1-31

---

45) Waltke, *Proverbs 1-15*, 56.
46) Witte, "The Book of Proverbs," 576-78.

장의 문학적인 구조와 내용들을 분류하면 아래와 같다.47)

1. [C1]1:1-9:18 솔로몬의 잠언: "다윗의 아들 이스라엘 왕 솔로몬의 잠언" (1:1)

    1.1.머리말   1:1-7   머리말

    1.2. L I   1:8-19   유혹하는 악한 무리

    1.3. IN A   1:20-33   어리석은 자들에 대한 의인화 지혜의 외침

    1.4. L II   2:1-22   내면화된 가르침과 신적 지혜 소유

    1.5. L III   3:1-12   여호와의 법의 내면화와 동기부여

    1.6. IN B   3:13-20   의인화 지혜에 대한 칭송

    1.7. L IV   3:21-35   아들을 향한 지혜의 말들

    1.8. L V   4:1-9   아버지의 훈계와 지혜의 필요성

    1.9. L VI   4:10-19   의인과 악인의 길

    1.10. L VII   4:20-27   생명의 길

    1.11. L VIII   5:1-23   계명의 중요성 그리고 이방 여인

    1.12. IN C   6:1-19   경구들

    1.13. L IX   6:20-35   계명의 중요성 그리고 이방 여인

    1.14. L X   7:1-27   계명의 중요성 그리고 이방 여인

    1.15. IN D   8:1-36   의인화 지혜

    1.16. IN E   9:1-18   두 여인 (지혜와 어리석음)의 초대

2. [C2]10:1-22:16 솔로몬 잠언 I: "솔로몬의 잠언이라" (10:1)

    2.1. 10:1-15:29   대조 격언

    2.2. 15:30-16:15   여호와 격언 모음

    2.3. 16:16-22:16   유사 격언

3. [C3]22:17-24:22 현자들의 30개 격언들: "지혜 있는 자의 말씀" (22:17)

    3.1. 22:17-23:11   일반적인 격언

---

47) L은 잠언 1-9장에서 "강의" (Lecture)를 그리고 IN 는 "간주" (Interlude)를 의미한다.

3.2. 23:12-24:22   자녀들을 향한 가르침

4. [C4]24:23-34 현자들의 추가적인 격언들: "지혜로운 자들의 말씀이라" (24:23)

5. [C5]25:1-29:27 솔로몬 잠언II (히스기야 왕의 신하들의 편집): "솔로몬의 잠언이
   요. 유다 왕 히스기야의 신하들이 편집한 것이니라" (25:1)

6. [C6-1]30:1-14 아굴의 잠언: "야게의 아들 아굴의 잠언이니 그가 이디엘 곧 이디
   엘과 우갈에게 이른 것이니라" (30:1)

7. [C6-2]30:15-33 추가적 격언과 기도 (No superscription); Numerical prov-
   erbs

8. [C7-1]31:1-9 르무엘의 잠언: "르무엘 왕이 말씀한 바 곧 그의 어머니가 그를 훈계
   한 잠언이라" (31:1)

9. [C7-2]31:10-31 현숙한 여인 (No superscription): Acrostic poem

4. 잠언의 형성과 내용

잠언이라는 책에 수록된 내용들이 언제 어떠한 과정을 거쳐서 형성
되었는지에 관하여 명확히 판단하기 어렵다. 다만 현재의 형태는 오래된
구전 속담과 격언들이 가정, 학교, 법정에서 사용되었을 것이며 매우 권위
있는 텍스트로써 사회의 질서를 확립하는데 사용되었던 것 같다. 이는 어
떤 시점에 여러 컬렉션으로 존재했을 것이며 이는 여러 차례의 수정과 삽
입과 개정의 절차를 걸쳤을 것이다. 학자들은 잠언의 현재의 형태는 포로
기 이후의 시점으로 보고 있다.

가장 먼저 형성된 것으로는 두 개의 솔로몬의 잠언(C2, C5), 그리고
이집트 격언과 유사한 C3와 현자들의 격언들 C4이다. 이후 잠언 1-9장
이 형성되었을 것으로 여기에는 충고, 훈육으로 형성된 가르침과 중간에
삽입된 간주(Interlude)로 구성된다. 마지막으로 책 전체를 마무리하는

C6, C7이 책의 마지막에 배열된다.

잠언 10:1-22:16

솔로몬으로 명칭이 된 잠언이다.(375개의 격언들로 구성; sh+l+m+h)
10:1-15:29은 주로 대조되는 두 행을 놓는다.

> "지혜로운 아들은 아비를 기쁘게 하거니와 미련한 아들은 어미의 근심이니라" (10:1)

> "의인은 영영히 이동되지 아니하여도 악인은 땅에 거하지 못하게 되느니라" (10:30)

이러한 두 대조되는 행을 놓음으로써, 선인/지혜자와 악인/우둔한 자를 대조하여 지혜의 가치를 설명한다. 또한 두 행을 단순한 대조만이 아니라, 점층적인 확장의 방식으로 전개하기도 한다.

> "여호와를 경외하는 자에게는 견고한 의뢰가 있나니 그 자녀들에게 피난처가 있으리라 여호와를 경외하는 것은 생명의 샘이니 사망의 그물에서 벗어나게 하느니라" (14:26-27)

16:16-22:16은 유사 격언으로 구성된다. 동일하거나 유사한 두 행이 병행으로 배열된다.

지혜를 얻는 것이 금을 얻는 것보다 얼마나 나은고 명철을 얻는 것이
은을 얻는 것보다 더욱 나으니라 (16:16)

슬기로운 종은 부끄러운 짓을 하는 주인의 아들을 다스리겠고 또 형제
들 중에서 유업을 나누어 얻으리라 (17:2)

동의 평행법과 함께 종합적 평행 구문도 등장한다. 여기에는 유사 혹
은 대립 관계가 아니라 종합적 결론을 도출하는 두 행이 배열된다.

"이익을 얻으려고 가난한 자를 학대하는 자와 부자에게 주는 자는 가
난하여질 뿐이니라" (22:16)

대조 격언에 비해서 유사 격언의 경우에 다소 도시적 배경을 노출한다
고 생각할지 모른다.(참조. 10:5; 12:4, 10–11)(Witte, 580)

중간의 15:30–16:15는 "여호와"에 관한 격언들로 구성된다. 여호와
에 대한 경외, 여호와의 주권적 경영과 개인의 믿음에 대한 점이 강조된
다. "사람이 마음으로 자기의 길을 계획할지라도 그의 걸음을 인도하시는
이는 여호와시니라"(16:9)

잠언 25:1–29:27

히스기야의 신하들이 편집한 이 모음집은 솔로몬의 두 번째 모음집
이다. 첫 부분인 25–27장은 주로 비교들로 이루어져 있으며 후반부인
28–29장은 대조로 이뤄져 있다. 두 개의 솔로몬의 격언들은 대체로 왕궁

속담으로 보이며 포로기 이전에 형성된 것으로 추측된다.

잠언 22:17-24:22; 24:23-34

22:17-24:22의 22:17-23:11은 BC 12세기 이집트 충고 문헌인 "아멘엠오페의 가르침"과 직접적인 유사성을 가지는 것으로 연구되어 왔다. 24:23-34은 여러 개의 속담들이 일정한 주제를 가지고 배열된다. 재판의 답변, 증인들, 거짓 대답들과 같은 주제들이 배치된다. 또한 이 부분은 6:6-11과 연결되어 있다.

잠언 1-9장

도입부 1:1-7은 잠언의 목적을 설파한다. 이 잠언의 모든 가르침들을 깨달음으로써 지혜를 소유하게 하여 여호와를 경외하는 것이 목적이다.(1:7; 9:10) 저자는 이를 위해서 부모의 교훈과 훈계와 법을 떠나서는 안된다고 말한다.(1:8)

잠언 1-9장은 이와 같은 머리말로 시작하여 10개의 가르침(Lecture)와 5개의 간주(Interlude)로 구성된다. 이 구성은 인스트럭션, 지혜, 축복, 미덕 간의 상관 관계를 치밀하게 논증해 나간다. 첫째로, 가르침은 아버지가 아들에게 주는 충고와 조언으로 구성되며 자녀는 이 말씀에 순종하고 실행할 때, 지혜를 소유할 수 있다. 하지만 이 지혜 소유는 신적 결정에 의해서 주어지는 것(2:10)이며 이 지혜의 소유는 필수적으로 경건한 미덕(2:9)과 신적 보호(2:11)라는 결과를 도출한다. 부모의 가르침의 권위에 관해 잠언 1-9장은 신명기적 율법의 지위에 호소하려는 경향을 보이며 부모의 이미지를 여호와의 이미지와 겹치게 만들기도 한다.(3:1-10;

6:20-23; 7:1-3) 지혜 소유의 결과는 예측가능한 축복이라는 결과를 도출한다.(2:21-22) 이와 함께 잠언은 지혜 소유자가 가질 어떤 선한 캐릭터 형성에 관심을 두고 있다.(2:8-9) 잠언은 상당히 많은 이미지들을 사용하며 그 중 가장 대표적으로 "길"이 있다. 삶은 두 갈래의 길 가운데 한 가지를 선택해야 하며 "죽음"으로 인도하는 악인의 길이 아닌 "생명"으로 인도하는 의인의 길을 선택해야 한다.(4:10-27) 마지막으로 잠언 1-9장은 자녀들을 유혹하여 파멸에 이르게 하는 이방 여인에 대한 이미지로 채워져 있다.(5:1-23; 6:24-35; 7:4-27) 이 이방 여인은 고대의 여신으로 혹은 우상 숭배로 해석할 수 있으며, 혹은 에스라-느헤미야의 이방 민족과의 결혼의 금지로 풀이할 수도 있다.

둘째로, 다섯 개의 간주는 주로 의인화된 지혜에 대한 시들로 구성된다. 1:20-33은 마치 예언자 예레미야처럼 거리의 외치는 자의 소리가 된 의인화된 지혜의 심판의 말씀이 주어진다. 부르고 외쳐도 듣지 않고 반응하지 않는 사람들의 모습은 예레미야의 사역과 반응이 동일하다.(렘 7) 의인화된 지혜는 잠 1:20-33, 3:13-20, 그리고 8장과 9장의 시에서 드러난다. 특히 8장은 창조의 시점에 함께 있었던 지혜가 어떻게 우주 창조의 순간에 공헌을 했으며 그녀가 어떻게 여호와의 즐거움이 되었는지 그리고 인간을 기뻐하였는지를 서술한다. 9장은 1-9장의 클라이맥스를 형성하면서 두 상징적인 여인("Lady Wisdom," "Lady Folly")의 초대로 구성된다. 참된 지혜 학교의 학생들은 이 두개의 초대에 응해야 하는데, 생명의 길로 나아가는 지혜를 소유할 것을 다시 한번 문학적인 방식으로 표현해 내고 있다.

잠언 30-31장

마지막의 4 부분은 30:1-9, 10-33 그리고 31:1-9, 10-31로 이루어져있다. 이 부분은 대체적으로 포로후기에 형성된 잠언들로 "부록"의 형태를 지니면서 최종적 결어로써 기능한다. 아굴의 잠언 30:1-9은 신명기와 관련이 있는 것으로 보이나 신적 말씀에 대해서 신명기과 다소 반대되는 태도를 보인다.(잠 30:1-4; 신 30:11-14) 아굴은 인간과 짐승은 다를 바 없으며 지혜에 대한 이해가 전혀 없다. 그는 하나님의 말씀에 어떤 것도 추가해서는 안된다고 말한다. 아굴의 기도는 전반적으로 코헬렛의 정서와 유사한 사회적 태도를 견지한다. 30:15-33은 수 속담으로, 창조 세계에 대한 수수께끼 같은 내용으로 채워진다. 여기에는 인간 세계의 악에 대한 묘한 아이러니가 있다.(예. 30:21-23, 29-31) 르무엘의 잠언은 어머니의 충고가 담겨 있으며 여자들과 독주를 멀리할 것, 재판정에서 공의롭게 판결할 것을 말한다. 여기에도 오묘한 아이러니한 상황이 존재한다.마지막 현숙한 여인을 칭송하는 시는 히브리어 알파벳으로 이루어진 교육적 시이다. 이 여인은 단순히 슈퍼 우먼이 아니라, 잠언 8-9장에서 제시된 지혜가 구체화된 형태, 지혜의 육화 된 모습이다. 잠언의 최종적 시는 잠언 1-9장에서 추구하기를 가르쳤던 여인인 지혜를 추구하라는 가르침으로 마무리된다.

5. 신학적 함의

첫째, 잠언의 신학은 거대한 구속사의 여정이 아닌 매일 부딪히는 삶의 경험과 맞닿아 있다. 격언, 금언, 잠언들의 모음집들은 도덕적이며 윤리적인 삶의 중요성과 그 속에 담겨진 생존을 위한 노하우를 가르친다. 부모의 가르침과 옛 선현들의 가르침은 현재를 살아내는 자들이 실수를 반복하지 않게 하는 하나의 중요한 시금석이 된다. 잠언의 격언에서 등장하는 여러 격언들은 히브리어 성경의 주요한 대목에서 다시 등장하면서 하나의 도덕적 윤리적 기준을 제공한다. 예를 들어서, 삿 8:2, 21; 삼상 16:7; 삼상 24:14(13), 왕상 20:11의 여러 격언들은 부족 시절과 왕정 시절의 여러 상황 속에서 어떻게 잠언이 활용 되었는지를 보여준다.

둘째, 잠언은 선현들과 부모님의 말씀을 듣고 실천이라는 방편으로 궁극적으로 지혜의 소유에 이르며, 이것은 한 개인을 변화시킨다고 선언한다.(예. 잠언 2장; 24:14) 이를 통해 삶은 패턴 혹은 질서를 만들어 내며, 그것은 개인의 캐릭터와 미덕을 형성하게 된다. 정의, 공의, 인내, 근면과 같은 개인적 성품은 이 질서와 무관하지 않다.(21:21) 뿐만 아니라, 지혜의 소유는 궁극적으로 한 개인이 종교적 감정인 여호와 "야레"(경외)라는 신적 정서를 함양케 한다.(잠 3:7; 8:13; 9:10) 결국, 잠언 1–9장이 지향하는 바는 지혜가 어떠한 방식으로 삶을 변화시켜내는가 하는 것으로 ,여기에는 가르침과 지혜가 핵심으로 자리하며 변화된 정서와 성품은 그 결과물일 것이다.

셋째, 잠언의 여호와는 두 가지 다른 방식으로 묘사된다. 먼저 여호와는 순종과 변화된 자들에게 수동적으로 축복을 주는 자로 등장한다.(예. 잠 28장; 24:14) 율법 순종 유무와 격언 순종의 유무는 동일하게 취급되고, 순종의 결과는 보상을 약속한다. 이와 같은 행위–보상의 관계에 입각한 신학적 스펙트럼은 가장 기본적인 잠언 이해의 기초를 이루며, 이는 이스라엘의 율법서인 신명기를 떠올리게 한다. 아마도 상당수의 잠언의 격언들과 질서의 원리들은 신명기적 율법의 권위와 함께한다. 다른 한편으로 여호와의 초월적이며 주권적인 특성을 보인다.(5:21; 16:1, 9; 19:14) 여호와는 주도적으로 지혜를 수여하는 자이며(2:10), 그는 모든 이들의 운명을 주관하는 자이다.(5:21) 여호와는 인간의 이해와 생각을 뛰어넘는 자로 선언되며, 이와 같은 측면은 잠언을 이해하는데 또 다른 축을 담당한다.

넷째, 잠언의 "지혜" 는 신약성서의 예수 그리스도에 대한 간접적 암시로 볼 수 있다. 잠언 1장 후반부는 길거리 부르짖는 지혜의 모습을 그리고 8장에서는 천지창조 이전 여호와와 함께 했던 지혜의 역할을 보여주며, 책의 마지막에는 현숙한 여인을 통해 우리 곁에 함께 살아가는 인간으로써 지혜의 모습을 드러낸다. 요한복음 1장은 말씀("로고스")이 육신이 되었으며 그가 곧 그리스도라고 말한다. 물론 지혜와 그리스도는 정확히 동일하지 않다. 그리스도는 삼위 하나님의 또 다른 위격이며 십자가의 죽음과 부활을 경험한 다시 오실 하나님이다. 이에 반해 지혜는 또 다른 피조물이면서 신적 존재로 묘사되지만 그리스도의 특성은 소유하지 못한다. 그럼에도 지혜의 소유가 가져올 축복과 변화의 가치는 그리스도를 상징적으로 암시한다.

제9강 욥기: 무고한 자의 고통에 대한 딜레마

1. 구약 성경에서 욥기의 위치[48]

구속사를 탐구할 때 욥기는 거의 논외의 대상이다. 욥기는 세상의 창조와 타락과 구속이라는 이스라엘과 세상을 향한 신적 구원의 드라마 그 어디에도 위치하기 힘들다. 아마도 욥기의 기원과 팔레스타인 외부인 에돔 땅으로 추정되는 우즈라는 지역에서 일어난 사건이기에 그럴 것이다. 그러나 욥이 이스라엘 사람인지 아니면 이방인인지 알기도 극히 힘들지만 그는 가장 경건한 자들의 명예의 전당에 이름을 올렸다. 욥기의 구성상 프롤로그와 에필로그(1-2, 42장)을 제외하면 여호와라는 신적 이름도 언급되지 않으며 제사의식이나 유월절, 할례, 그리고 모세율법과 이스라엘 역사에 대한 그 어떤 암시도 드러나지 않는다. 이러한 상황으로 인해 욥기가 유대교와 기독교의 서사 구조에서 그리 중요하게 여겨지지 않는 것은 이해할 만하다. 그러나 욥기가 보여주는 신적 정의와 악의 문제에 대한 성찰은 구약성서 어디에서도 찾아보기 힘든 독특한 신학을 갖고 있다.

2. 욥기의 장르

욥기는 기본적으로 다양한 장르들이 중첩되어 나타난다. 기본적으로 고대의 고난 받는 자에 대한 이야기의 구조(1-2, 42장)에 다이얼로그

---

48) 이 장의 자세한 사항은 다음을 참고하라. 권지성, 『특강 욥기』(서울, 한국: IVP, 2019).

(3-41장)가 결합되어 있다. 세부적으로 애가, 시, 법적 고발, 논쟁, 코미디, 노래, 비극, 패러디, 격언 등이 모두 등장한다. 특히 욥기 3, 30장은 애가의 절정을 보여줌으로써 욥의 슬픔을 극대화한다. 다이얼로그의 구성 전체가 어떤 법정의 공방으로 보이는 역할을 하며, 구체적으로 바빌론 문헌들에서 보여주는 법적 논쟁과 유사성을 가진다.49)

3. 욥기의 주제

욥기의 주제는 무엇일까? 다음과 같은 몇 가지 주제로 말할 수 있지만, 이렇게 일반적으로 통용되는 주제가 욥기의 주제가 될 수 있는가 하는 문제는 좀 더 숙고할 필요가 있다.

첫째, 무고한 자의 고통이다. 욥은 죄가 없으나(최소한 1-2장의 사건에 대해서) 무고하게 고통을 당하는 개인으로 묘사된다. 둘째, 악의 문제 또는 신정론에 관한다. 세상에 악과 고통이 존재하는 이유를 말한다. 셋째, 세상의 질서이다. 지혜 문헌의 하나인 잠언처럼 욥기도 세상의 도덕적 질서를 설파하기 위한 것인가? 그래서 경건한 개인은 결국 신적 축복의 대상이 되고 죄악 된 인간은 처벌을 받을 것이라는 확신을 심어주기 위한 것인가? 넷째, 회의주의이다. 욥기는 여호와의 공의와 정의의 거짓을 고발하고 의심하는 책인가? 다섯째, 패러디이다.50) 욥기는 시편이나 시편의

---

49) F. Rachel Magdalene, *On the Scales of Righteousness Neo-Babylonian Trial Law and the Book of Job*, BJS 348 (Providence: Brown Judaic Studies, 2007).

50) 욥기는 잠언의 일부를 풍자적 방식으로 비꼬고 있는 것으로 보인다. 예를 들어 욥기 15:7-9 (참조. 40:19)에서 엘리바스는 의인화된 지혜와 여호와의 창조를 말하면서 욥이 그런 지혜이냐고 질문한다. 이는 잠 8:22, 25에서 등장한다. Stuart Weeks, *An Introduction to the Study of Wisdom Literature* (London: T&T Clark, 2010), 156; JiSeong J. Kwon, "Irony in Job's Use of Psalms," in *Between Subversion and Innovation: Irony in the Hebrew Bible and the New Testament*, ed. Tobias Häner, Virginia Miller, and Carolyn J. Sharp (Leiden; Boston: Brill, 2023), 114-31.

여호와에 대한 믿음이나 구원을 조롱하기 위한 책인가? 일곱째, 창조신학이다. 지혜 문학을 다룰 때 반드시 언급되는 질서가 있는 세상을 만들어낸 창조의 신학이 욥기의 주제라는 것이다. 여덟째, 여호와와의 실존적 만남이다. 욥기 38-41장은 여호와를 체험한 인간의 실제적 고백이 담겨져 있다는 주장이 제기되어 왔다.(테리안)

하지만 욥기에 대한 면밀한 연구는 이와 같은 주제들이 가지는 맹점을 드러낸다. 따라서 욥기는 신적 정의와 무고한 자의 고통에 대해서 논하면서도 신적 자유와 힘을 말하는 책이다.

4. 욥기 읽기의 문제들[51]

수많은 성서 텍스트 중 욥기는 가장 크게 오독되는 텍스트이다. 성서를 꼼꼼하게 읽기를 원하는 독자라면 그래서 우리의 사고를 전복시키는 해석학에 관심 있는 독자라면, 욥기라는 책을 이해하는데 치명적인 몇가지 오류들에 유의할 필요가 있다.

해법없는 고통의 딜레마

욥은 한 고통받는 개인이 마지막에 회개한 이후에 신의 도움으로 모든 것이 회복되어 행복하게 살았다는 이야기라고 오해한다. 이야기(욥 1-2, 42장)와 다이얼로그(3-37, 38-41장) 문학적 구조속에서 하나님을 경험한 욥이 스스로를 낮추고 신적 축복 속에서 회복되었기에 끝까지 인내하라는 것이 책의 메시지라고 말할 수 있을지 모른다. 하지만, 욥의 이야기

---

51) 이 섹션은 다음의 글로 출판되었다. 출판사의 허락을 받아 받아 이곳에 게재한다. 권지성, "우리가 욥기에 대해 오해하는 것", 묵상과 설교 (11-12월) (서울, 한국:성서유니온, 2023).

는 해피엔딩을 향해서 가기 위해 인내하고 회개하라는 메시지를 우리에게 전달하는 것은 아니다. 그것은 하위의 작은 과정에서 언급되지만, 책의 전체 주제와는 무관하다.

욥기는 정답이 있을 수 없는 질문에서 부터 출발하는데, 그것은 욥기가 지금껏 사랑받아 온 이유이기도 하다. 정답이 없기 때문에 욥기의 텍스트에 접근하는 사람은 겸손한 태도로 진리를 추구할 필요가 있다. 욥기가 던지는 질문은 오직 여호와만 대답 가능한 질문이기 때문이다. 그 질문은 히브리어 단어 "히남"(חִנָּם; 2:3, 9:17)에서 기인한다. 이 단어는 "목적없는," "이유없는"을 의미한다. 여호와는 완전한 경건함과 의로움을 소유한 자신의 "종" "욥"을 천상의 회합에서 자랑한다.(1:8; 2:3) 이에 "고발자"(הַשָּׂטָן)—히브리어 하사탄은 "정관사"를 포함하기에 사탄이라는 번역은 잘못된 것—의 도전 앞에서 욥의 전재산을 빼앗고 자녀들을 죽이고 욥에게 질병을 일으키는 것을 승인한다. 왜 그랬을까? 표면적으로는 욥의 종교성의 진정성 여부를 확인하는 것이었다. 하지만, 이 신적 승인의 행위 그리고 "고발자" 행위의 본질은 "목적없는 힘," "정의없는 힘"이다.(2:3) 그것은 바로 폭력을 의미한다. 욥은 자신이 당한 것이 정의로운 것이 아님을 이미 알았고, 여호와도 고발자도 그것을 알고 있다. 여호와는 정의와 공의를 행하는 신이 아닌가? 왜 이러한 불의를 허락하는가? 그 어떤 조직신학자도 완벽히 풀지못한 신정론과 관계된 이 질문은 후기 페르시아 시대(4세기 경)에 완성된 것으로 추정되는 욥기가 정면으로 다루는 내용이다. 따라서, 그 누구라도 최소한 욥기를 다룰 때, 고통의 문제에 대한 가볍고 편리한 대답을 제공하려고 해서는 곤란하다.

인과응보가 해체되는 세계

이유를 알 수 없는 고통의 문제는 일차적으로 경건한 지혜자는 반드시 복을 받을 것이라는 잠언 1-9장의 지혜의 질서를 간단히 해체시킨다. 또한, 신명기에서 말하는 모세의 언약, 그리고 율법의 맥락에서 이스라엘에게 주어지는 모든 축복의 방정식을 무위로 만든다. 레위기적 제사법은 욥의 고통을 해결하는 방법이 아니며, 예배를 통해 여호와와 화해하고 신적 임재에 다가가려는 모든 시도는 욥의 경우에는 오히려 고통을 유발한다. 이 논리구조가 무위가 되는 것은 욥기 3-37장 전체에서 고통의 문제를 신학적으로 다루는 욥의 친구들과 욥 사이의 논쟁 속에서 첨예하게 보여진다. 욥의 무고함을 친구들은 모르기에 하나님에 대한 친구들의 논리는 마치 진실처럼 독자들을 현혹할 것이다. 친구들의 논리는 하나님의 행위를 예측하게 만드는 전통적인 책상논리인데, 이러한 신학은 울부짖는 욥을 정죄한다. 친구들은 주장하기를 현재 인간이 당하는 고통은 인간 스스로가 만들어낸 죄악 때문이라고 단언한다. 따라서, 인간은 스스로 힘써 자신의 죄악을 회개하면, 과거 원래의 모습으로 회복될 수 있다. 세계의 모든 악은 남김없이 여호와에 의해서 심판받게 될 것이며, 선하고 의로운 자들은 합당한 보상을 받게 될 것이다. 여호와는 꿈과 여러 수단을 통해서 인간과 교통하고 있으며 현재의 고통은 교육적 목적을 위해서 허용되기도 하지만, 그것은 일시적일 뿐이다.

물론, 우리는 이 모든 논리들이 그 자체로 타당하다 하더라도 욥에게 일어난 사건의 진상을 결코 설명하지 못한다는 사실을 알고 있다. 욥이 당하는 고통은 자기가 지은 죄의 결과로 고통을 당하는 것은 아니기에 그가 회개할 것이 없으며, 그는 보응의 원리에 의해서 고통받고 있지 않다.

욥은 이미 여호와가 누구이신지 알고 경건한 삶을 살았던 자이기에 무엇인가를 배울 필요도 없다.(욥 1:1) 독자들은 쉽게 욥을 정죄하고 문제를 단순화하고 싶은 충동을 느낄 수 있겠으나, 욥기가 논의하는 그의 현재의 고통에 대해서 최소한 회개할 것이 없는 자임에 분명하다. 여호와는 이 이야기의 끝에서 친구들의 논증가 틀렸고, 욥이 여호와의 생각에 가까웠음을 입증한다.(42:7, 8) 욥이 당한 고통은 확실히 신명기 역사가가 주장하는 바 한 민족 멸망의 원인은 모세 언약과 율법에 대한 불순종(십계명 1, 2계명)이라는 개념에 적용되지 않는다. 그래서, 욥기의 다이얼로그는 우리가 사는 세계 속 "정의"와 "옳음"에 관한 생각들은 인간 용어일 뿐임을 역설한다. 인과응보는 욥의 경우에 해체된다. 악인들은 번성하고 의인들은 여전히 억압받고 죽어가지만 아무도 그들을 돕는 이는 없으며 신적 정의는 끊임없이 연기될 뿐이다.(욥 24:1–12) 욥은 말한다.

> "성 중에서 죽어가는 사람들이 신음하며 상한 자가 부르짖으나 하나님이 그들의 참상을 보지 아니하시느니라" (24:12)

접근할 수 없는 여호와

욥기에서 여호와는 어떤 종교 수단으로도 접근할 수 없는 위치에 놓여 있다. 심지어 욥 38장이후 욥은 여호와를 재난의 상황인 폭풍우 속에서 대면해야 한다. 또한, 하나님의 부재 혹은 의도적 무관심은 욥의 연설에서 압도적인 분량을 차지한다. 독자들이 쉽게 오해하는 유명한 구절 "그러나 내가 가는 길을 그가 아시나니 그가 나를 단련하신 후에는 내가 순금같이 되어 나오리라"(23:10)은 여호와가 현재 자신을 연단시키기 위한 목적으로 고통을 허용했고 자신은 언젠가 나쁜 불순물이 제거된 순금이 될 것에 대한 희망을 표현한다고 이해되어 왔다. 하지만, 본문은 이 세계 어디에서도 자신의 무고함을 들어줄 심판자이신 하나님을 만날 수 없다는 푸념에서 시작한다.(23:1-9) 그리고 이후 욥은 자신이 여호와의 길을 완전하게 지켰다고 말한다.(23:11-12) 사실 8-10절은 흐름상 연결되어 있다. 결국, 10절을 다시 문맥 속에서 이해하면 이렇게 될 것이다. "왜냐하면 내가 걸어온 길을 여호와는 아시며, 그가 나를 아무리 단련하더라도 내가 순금이라는 사실을 알기 때문"(10절)에 여호와는 결코 재판정에 나오지 않고 부재상태에 있다. 이것이 욥이 여전히 어두움 속에 살아야 하는 이유이다.

욥 28장은 욥기 전체의 핵심이 제시된다.[52] 잠언 8장에서 "지혜"는 언제나 일정하게 인간이 접근할 수 있는 상태에 놓여있으며, 창조 세계 속 지혜를 만나지 못하는 이유는 순전히 그녀를 찾지 않기 때문이다. 하지만, 욥기 28장의 시인은 지혜가 어떤 인간 세계의 지식과 기술로도 그 위치를 파악할 수 없는데, 그것은 피조 세계 전체에서 감추어져 있고 오직 여호와만이 그것을 소유한 것으로 묘사한다. 따라서, 욥은 낮작 엎드려 겸손할 수 밖에 없다. 이렇게 고통의 문제에 대한 해답을 갈구하는 욥에게 여호와는 답을 결코 주지 않는데, 이는 다른 구약성서의 책들이 고통의 문제를 속시원하게 말해 주는 것과 대조를 이룬다.

---

52) Alison Lo, *Job 28 as Rhetoric: An Analysis of Job 28 in the Context of Job 22-31*, VTSup 97 (Leiden: Brill, 2003).

욥의 문제

인내심 있는 욥의 모델은 그를 경건한 자로만 보게 만든다.(약 5:11) 욥은 진실로 아무런 문제 없는 경건한 자였을까? 욥기에서 욥을 평가하는 기준은 다층적일 수 밖에 없는데, 그 이유는 이야기(1-2장)와 두 개의 다이얼로그(3-28장)(29-3장)에서 그와 같은 욥의 캐릭터를 제시하기 때문이다. 특히, 욥의 최후 변론(욥 29-31장)은 그의 과거, 현재의 상황들과 자신의 무죄에 대한 항변으로 구성된다. 그는 과거에 자신이 누렸던 것들을 그리워하며 현재에 불만족한다. 이는 욥 1-2장에서 보여주었던 완벽한 경건한 자의 모습은 아니다. 그는 자기 공동체에서 가장 권력있는 자와 같이 비춰지고 그는 마치 "하나님"과 같은 자리에서 사람들을 판단한다.(29장) 욥은 자신을 모욕하는 자들이 광야에서 유랑하는 버려진 자들의 자식이라는 사실에 분노하고 그들을 "동물화"한다.(30:1, 8) [53] 욥은 마치 십계명과 유사한 형태로 자신의 삶이 의롭고 죄가 없다는 것을 입증하려 하나, 그의 말은 아이러니하게도 자기 불의를 드러낼 뿐이다. 욥 29-31장에서 그는 자기 정의와 억울함에만 초점을 맞추는데, 욥의 이와 같은 이기적 태도는 첫 여호와 연설에서 정죄된다.(40:8-10) 욥은 여호와와 같은 창조자로써의 권능을 지니고 있지 않기에 자기 정의 기준으로 여호와를 함부로 판단해선 안된다. 여호와의 첫 연설의 마지막에 지적되는 욥의 문제는 욥 29-31장에서 드러난 그의 자제심을 잃어버린 모습에 대한 것이며, 그의 무고함에 대한 항변은 아니다.

---

53) JiSeong J. Kwon, "Meanings of Korean 'Minjung' (People) in *Change: Based on Job's Characters in Job 30*," in Oxford Handbook of the Bible in Korea, ed. Won Lee (Oxford University Press, 2021).

여호와의 연설이 가진 난제

독자들은 여호와가 말하기 시작하면서 다이얼로그에서 제기된 복잡한 신학적 난제들이 마침내 해결될 것이고 이후 해결되었다고 착각한다. 정말 모든 문제는 해결된 것일까? 대답은 "네" 그리고 "아니오"이다. 왜 그럴까? 욥이 원했던 것은 하나이다. "정의". 바로 개인의 정의 사회적 정의는 왜 현실 속에서는 거의 실현되지 않는가? 욥기 28장 속 눈부신 시적 표현의 방식으로 말한다면, "지혜는 어디에 있는가" 정도가 될 것이다. 물론, 여호와에게 지혜가 있다. 하지만, 욥의 질문에 대한 답은 없다. 첫째, "의롭고 경건한 지혜자인 욥은 왜 이유없는 고통을 받아야 하는가?" 둘째, "왜 경건한 자가 악인이 받는 고통을 받아야 하며, 악인들이 경건한 자의 축복을 받는가?" 여호와의 연설은 이 질문들에 답하지 않는다. 결국, 아무것도 해결된 것은 없다. 여호와의 관심은 오직 자신이 하고자 결심한 것에 있을 뿐, 정의와 불의를 해소하는 것에 관심이 없는 것처럼 보인다.(23:13-14) 여호와 첫 연설은 우주의 구조와 야생동물의 세계에 관한 것이다. 창조주의 힘은 이 피조세계를 어떻게 통치하고 있는지 생생하게 묘사한다.(욥기 38-39장) 세계의 운영은 완벽하며 아무런 문제가 없어 보인다. 그리고 둘째 연설에선 베헤못과 리워야단이라는 신화적인 두 동물을 보여주며 이 두 동물이 바로 여호와가 가장 아름답다고 생각하는 동물이라 자랑한다.(40:15-41:34)

여호와의 창조물이자 반려견과 같은 리워야단은 괴수로써 인간과 함께 살 수 없고(41:10-11), 인간은 감히 리워야단과 같은 괴수를 상업화하거나 오락화하거나 상거래 대상으로 삼지 못한다. 인간은 이 동물과 "언약"을 맺으려 시도조차 할 수 없다.(41:4) 그것은 비상식적이며 죽음에 이를 수 있다. 따라서, 인간은 여호와와 함부로 거래하거나 대항하거나 이용할 수 없는데, 그것은 여호와가 초월적 존재로써 초월적 공간에서 살아가는 절대적 타자이기 때문이다. 이것은 인간이 여호와에게 요구한 정의에 대한 질문에 대한 거부이면서 침묵과도 같다. 여호와는 아름다움을 소유한 예배의 대상이지 거래의 대상이 아니다.

욥은 회개했는가?

이제 욥은 정의에 대한 모든 질문을 포기해야 한다.(42:1-6) 욥이 여호와의 연설에 대한 두 번의 대답들(40:4-5; 42:2-6)에 대한 면밀한 읽기는 우리를 당황하게 한다. 그것은 새로운 지식 습득에 의한 반성이 아니라, "포기"이다. 첫 욥의 대답에서 그는 이제 침묵하겠다고 말한다. 둘째 대답에서 욥은 여호와가 했던 말들을 반복하면서 여호와가 정의의 문제에 대해 관심 없음을 재확인했다고 말한다.54)

욥기에서 가장 큰 논란이 되는 본문은 42:6에 대한 번역이다. 개역개정 성경은 6절에서 "회개"라고 번역한다. 하지만, 실제 번역상으로도 문맥상으로도 욥의 회개로의 이해는 몇가지 의문점을 던진다.55) 본문 속 단어 "회개"는 히브리어로 니함티(יתממחנ)이다. 이 단어는 "후회하다", "위로를 얻다", "만족을 얻다"의 뜻이 있다. 본문상 정확한 의미는 "내가 스스로를 위로하다"로 보아야만 한다. 욥은 더이상 여호와에게 항변하거

---

54) 자세한 논증은 다음을 참고하라. 권지성, 『특강 욥기』, 329-38.

55) B. Lynne Newell, "Job : Repentant or Rebellious," WTJ 46.2 (1984): 298-316; Thomas Krüger, "Did Job Repent?," in Das Buch Hiob Und Seine Interpretationen : Beiträge Zum Hiob-Symposium Auf Dem Monte Verità Vom 14.-19. August 2005, ed. Thomas Krüger et al., ATANT 88 (Zürich: TVZ, 2007), 217-29; Kwon, 특강 욥기 ("Studies on The Book of Job: God's Drama on Suffering, Justice, and Beauty"), 337-38.

나 논쟁하고 싶어하지 않는다. 욥은 이미 여호와가 지혜롭고 강하며 그를 막을 수 없다는 것을 벌써부터 알았고 이제 직접 대면으로 그것을 확인했다.(9:4) 이제 욥은 "자신의 주장을 철회하고 티끌과 재 가운데에서 스스로를 위로"한다.(42:6) 따라서, "니함티"는 거부와 단념의 상황을 강화한다. 욥이 제기한 모든 질문들은 창조주에 의해서 침묵으로 돌아왔다는 사실을 받아들여야 한다. 대답을 얻지 못한 욥은 스스로가 결국 티끌과 재로 사라질 운명이며 현재의 상황에 만족한다. 욥기에서 욥의 회개로 해석이 적합하지 못한 또 다른 이유는 만약 그가 회개한 것이라면, 그것은 그가 무엇인가 숨은 죄가 있다는 것인데, 욥은 회개할 것도 회개할 필요도 없는 무죄한 자였음을(그리고 여호와는 이것을 1-2장, 42장에서 확증했다) 다시 한번 기억할 필요가 있다.

욥의 회복과 축복의 문제

그렇다면, 욥의 해피엔딩은 어떻게 바라보아야 하는가? 긴 친구들과의 논증에서 욥의 탄식에 찬 호소들은 왜 일순간 사라졌는가? 긍정적 사고의 전도사인 조엘 오스틴 류의 해석을 선호하는 이들은 오랜 인내가 결국 축복으로 그를 이끌었으니, 우리도 인내심을 가지면 결국 축복에 이를 수 있다고 해석할 수 있을지 모른다. 그러나, 회복과 행복의 결말은 욥기 3-41장의 긴 정의에 관한 다이얼로그를 무시하는 행위이다.

욥 이야기의 시작에서부터 저자는 강력한 어조로 경건한 자에게 주어지는 신적 축복이라는 인간 종교심의 근원에 있는 오랜 공식을 파쇄했기 때문이다. 인과응보적 논증은 욥기에서 부정되고 부정되었다. 그런데 왜 다시 이 인과응보의 논리가 욥기 주제가 되어야 하는가? 이른바 번영신학적 해석은 욥기의 해석을 가장 피상적으로 보이게 만들 뿐이다. 여호와는 욥에게 이전 모든 소유보다 갑절을 주었으며, 곤경을 돌이키셨다고 말한다.(42:10-11) 그의 이웃들과 오해는 풀렸고 욥은 위로를 받았고 그의 말년에는 엄청난 물질적 축복과 함께 10명의 자녀들을 가지게 되었다. 욥은 140년을 살며 마치 족장들과 같은 장엄한 죽음을 맞이한다.(42:16-17) 하지만, 욥을 육체적으로 가장 크게 괴롭혔던 그의 피부병에 관한 언급은 이 축복 명단에 빠져있다. 왜일까? 피부의 질병은 쉽게 사라지지 않았을까? 욥기의 마지막 에필로그(42장)에서 그가 잃은 것들이 회복되었다고 말한다. 하지만, 욥의 삶에서 뒤집혀진 축복과 저주의 인과응보적 원리는 어떻게 할 것인가? 죽은 그의 10명의 자녀들은 살아 돌아왔으며, 그가 겪은 정신적 고통은 온전히 치유되었는가? 아내는 왜 보이지 않는가? 한 번 깨어진 질서의 규칙은 어떻게 설명할 것인가?

아마 독자들은 욥의 마지막 이야기를 무고히 고난 받은 자들이 묵묵히 일상으로 돌아간 것으로 볼 필요가 있다. 욥이 회개했고 그 뉘우침의 댓가로써 여호와 축복을 받았다는 것은 인과응보를 재확인하는 것에 불과하다. 인과응보의 신적 체계를 깨뜨리는 욥기라는 책이 결국 인과응보를 재확인하는 것으로 귀결된다는 것은 모순이다. 욥은 1-2장의 사건에 대해 회개할 것이 없는 완전한 자였다.(1:8; 42:7-8) 하지만, 이 대재앙을 겪으면서 여호와는 예측불가하며 임의적으로 행동한다는 사실을 욥은 새롭게 이해한다. 대답을 듣지 못한 욥은 평생 그 질문 속에 살아갔을 것이고, 가끔 죽은 자녀들에 대한 생각과 자신이 겪은 고통스런 과거를 회상하면서, 창조주의 말들을 이해하려고 노력했을지 모른다.

말할 수 없는 것들에 대해서

"내가 왜 아픈가?" "어떻게 하면 고통에서 해방될 수 있는가?" 우리 모두는 답을 찾는다. 그래서 성서를 읽는다. 누군가는 완벽한 답을 찾는다. "예수 그리스도" 안에 완전한 답이 있다. 하지만, 내가 찾은 그 해답이 내가 겪는 모든 사건들 속에서 이성이 납득할 수준의 답이 될 수 있는가? 필자는 아닌 것 같다. 얼마나 많은 사람들이 이사야서 53장에서 타인의 대속을 위해서 고난받는 종을 이해할 수 있는가? 얼마나 많은 사람들이 죄인을 위해 오신 성육신하고 부활하신 그리스도를 합리적으로 이해할 수 있는가? 선하신 하나님의 존재에도 불구하고21세기에도 반복되는 전쟁과 대학살을 설명할 수 있는가? 욥기는 말할 수 없는 것들에 대해 말한다. 고난받는 자와 함께 울어주라고 말한다. 욥기는 무고하고 정의로운 삶을 살아왔지만 강자들의 억압에 짓눌리고 고통받는 개인과 집단들의 절규를 증언한다. 안락하고 안전한 교회에서 물질적으로 문제 없이 살아온 사람들에게 욥은 결코 이해의 대상이 될 수 없을지 모른다. 하지만, 욥은 밑바닥에서 어두움을 걷는 자들에게 위로의 책이 되었고, 앞으로도 이 책은 그들의 울음을 공명할 것이다. 욥기는 책과 머리로 학문하는 자들의 위선을 폭로하고 존재하는 것 자체가 아프고 일상이 지옥같은 자들을 증언하며 그 속에서 창조주의 아름다움을 설파하는 다층적 목소리가 공존한다.

5. 문학적 구조

1. 프롤로그(1:1-2:13)
2. 다이얼로그 1(3:1-37:24): 욥과 친구들

6. 프롤로그 (1:1-2:13)

프롤로그는 경건한 욥과 그가 받은 막대한 부와 자녀의 축복을 언급한다. 다소 과장된 듯한 이 묘사는 경건한 삶과 물질적 축복의 상관 관계를 보여준다. 이어지는 천상과 자상을 오가는 장면은 평형을 이루어 제시된다. 먼저 천상의 신적 존재들이 등장하며(1:6; 2:1), 이 천상 회합에서 여호와는 하사탄("적대자")에게 질문을 한다.(1:7a; 2:2a) 적대자의 대답이 이어지고(1:7b; 2:2b), 여호와는 "네가 내 종 욥을 주의하여 보았느냐 그와 같이 온전하고 정직하여 하나님을 경외하며 악에서 떠난 자가 세상에 없느니라"(1:8; 2:3)고 질문한다. 적대자는 이에 대해 반발하면서 인간의 종교성은 신적 보호와 축복이라는 전제에서만 가능하며 만약 신적 보호의 장막이 걷어지고 생명이 위협받는다면 그들은 신에 대한 사랑을 버릴 것이라 말한다.(1:9-11; 2:4-5) 여호와는 이 도박같은 제안을 승인하고(1:12; 2:6), 적대자는 이를 실행하기 위해 땅으로 내려간다.(1:12b; 2:7a) 적대자의 욥에 대한 첫 번째 공격은 스바사람, 하나님의 불, 갈대아사람, 큰 바람으로 인하여 가축들이 죽거나 노략을 당하고 종들과 자녀 열명의 죽음이다. 두 번째 공격은 욥의 몸에 발바닥에서 정수리까지 종기가 나는 고통이다. 하지만 욥은 자신의 고통으로 인해 여호와를 원망하거나 죄를 짓지 않았으며 오히려 여호와의 행위를 인정하며 찬양을 드리고 자신이 화를 받는 것과 축복을 받는 것이 다르지 않다는 믿음을 표현한다. 이는 결국 여호와의 승리이며 믿음의 승리를 시사한다.

하지만 욥기의 딜레마는 여기서 시작된다. 첫째, 여호와는 왜 무고한 자에게 이러한 시련을 아무런 이유도 없이(히남; 2:3; 9:17) 허용하는가? 어떠한 방식으로 이 문제를 다루더라도 의인에게 주어진 고통은 "정의"와 "질서"라는 도덕적 법칙을 깨뜨리는 것이며 이는 신을 악한 존재로 만들어 버린다. 여호와가 전지하다면 왜 욥이 자신에게 당한 고통을 이기고 여호와를 끝까지 찬양할 것이라는 것을 몰랐단 말인가? 왜 정의로운 심판이 아니라 불의하게 보이는 처벌을 허용하는가? 이 질문은 해결하기가 불가능한 아이러니이다.

둘째, 욥의 이야기는 우리 모두의 이야기가 될 수 있을까? 욥기는 한 개인이 겪는 고통의 문제를 다루는 것일까? 아니면 오직 세상에는 다시 없을 한 사람 욥에 대한 이야기일까? 세상의 모든 이들이(1:1, 8; 2:3) 욥과 같은 경건을 소유하지도 않고 여호와의 칭송의 대상이 되지도 않으며, 모든 이들에게 일어나는 재앙들이 신적 시험이라고 말할 수도 없다. 세상에 욥과 같은 이는 없을지 모른다. 하지만 전체 이야기 속의 무고한 고통이 세상에 없다고 말할 수 없으며 오히려 모든 죄악 된 세상의 구조 속에서 일어나는 일상적 이야기로 생각할 수 있다.

이제 욥의 세 친구들(엘리바스, 빌닷, 소발)이 각각 먼 곳에서 그를 위로하기 위해 방문한다. 그들은 슬피 울며 함께 고통을 나누며 그와 함께 밤낮 7일을 땅에 앉아 울었으며 침묵했다.(2:11-13) 이는 고통 받는 자들에 대한 가장 모범적인 태도를 보여준다. 그러나 이어지는 다이얼로그의 친구들의 태도와 이에 대한 욥의 태도는 모두 다른 방식으로 전개된다.

7. 다이얼로그 1 (3:1–31:40): 욥과 친구들

욥기 3:3–13의 자신이 태어난 날을 저주하는 욥을 묘사한 장면은 창조의 패턴에 대한 재사용으로 볼 수 있을지 모른다.(피쉬베인) 그는 삶의 모든 것들이 붕괴되고 자신이 세상에 존재하지 않기를 바란다.

욥의 세 친구가 만든 세 개의 사이클로 이루어진 다이얼로그의 핵심 주장을 알아보자. 먼저 친구들은 욥과 세상의 악과 고통의 문제에 대해 어떠한 주장을 펼치고 있을까? 첫째, 한 개인에게 내려지는 신적 정의는 인과응보적 정의의 방식으로 시행된다. 따라서 욥은 크게 걱정할 필요가 없고 모든 것의 마지막에 여호와는 욥을 회복시키실 것이다. "네 경외함이 네 자랑이 아니냐 네 소망이 네 온전한 길이 아니냐."(4:6) 욥이 스스로 여호와 경외를 끝까지 지켜야 하는 이유는 죄없이 멸망한 사람이 없기 때문이다.(4:7–8) 빌닷은 욥의 자녀들의 죽음은 그들이 죄를 지었으며 그들의 죽음은 여호와의 허용에 의한 것이라고 말한다.(8:3–4) 엘리파스는 "네 악이 크지 아니하냐 네 죄악이 끝이 없느니라"(22:5)고 그를 정죄한다. 둘째, 욥이 하나님을 찾고 기도하면 회복이 주어질 것이다.(8:5–6; 11:13–15; 22:21–30) 여호와와 관계가 깨어진 결과가 현재의 고통이므로 관계의 회복이 있다면 현재의 고통은 사라질 것이라는 의미이다. 친구들에게 현재의 재앙은 심판의 결과임에 분명하다. 셋째, 세상의 선악의 문제에 대해서 하나님은 언제나 공평한 기준으로 판결을 한다. 의로움과 선함은 축복이, 죄와 악은 징벌로 귀결된다. 빌닷은 하나님을 잊어버린 자의 결말은 식물이 마름과 같이 소망이 없다고 말한다.(8:11–22) 엘리파즈는 모든 악인들은 결국 멸망할 것이며 보응은 이루어진다 고 말한다.(15:20-35) 넷째, 결국 세상은 완전한 도덕적 질서의 원리에 의해서 움직인다. 특히 빌닷은 상상의 공간 속에 하나님을 자신의 고정된 이상주의적 방식으로 묘사한다.(18:5-21) 그곳에는 은혜, 용서, 자비, 의외성은 없다. 다섯째, 고통은 자주 징계와 교육이라는 더 높은 목적을 위해 발생하기도 한다.(5:17)

그렇다면 위와 같은 친구들의 논리에 욥은 어떻게 대응할까? 첫째, 개인에게 내려진 재앙의 이유는 자신의 죄가 아닐 수 있다. 욥은 고통의 총합과 죄가 상관 관계가 없다고 말한다. "너희는 돌이켜 행악자가 되지 말라 아직도 나의 의가 건재하니 돌아오라 내 혀에 불의한 것이 있으랴 내 미각이 어찌 속임을 분간하지 못하랴."(6:29-30) "나는 온전하다마는 내가 나를 돌아보지 아니하고 내 생명을 천히 여기는구나."(9:21) "지금 나의 증인이 하늘에 계시고 나의 중보자가 높은 데 계시니라."(16:19) "결코 내 입술이 불의를 말하지 아니하며 내 혀가 거짓을 말하지 아니하리라 나는 결코 너희를 옳다 하지 아니하겠고 내가 죽기 전에는 나의 온전함을 버리지 아니할 것이라 내가 내 공의를 굳게 잡고 놓지 아니하리니 내 마음이 나의 생애를 비웃지 아니하리라."(27:4-6) 둘째, 기도를 하더라도 신적 보호가 의로운 사람에게 반드시 주어지는 것은 아니다. "주께서 어찌하여 얼굴을 가리시고 나를 주의 원수로 여기시나이까."(13:24) "내가 폭행을 당한다고 부르짖으나 응답이 없고 도움을 간구하였으나 정의가 없구나."(19:7) 23:8-10은 하나님을 그 어디에서도 만날 수 없는 이유와 함께 하나님은 욥이 여호와의 길을 걸었던 무고한 자임 알고 있기에 순금으로 나올 거라고 말한다. 특히 욥기 28장은 그 어디에도 신적 지혜를 발견할 수 없다는 사실을 명시한다. 셋째, 인과응보적 질서가 세상에서 실현되는 일은 거의 없다. 욥은 21장에서 "어찌하여 악인이 생존하고 장수하며 세력이 강하냐"고 반문한다.(7절) 또한 욥은 사회 정의가 실현되지 않으며 지연되는 심판의 문제의 원인을 하나님이라고 본다.(24:1-7) 넷째, 욥은 고통이 교육을 위한 목적 속에서 발생할 수 있음을 의심한다. 욥은 23:10 에서 이를 말하며, 어떤 더 큰 목적을 위한 것이 아니라 마음에 하고자 하는 것을 하신다고 생각한다.

물론 욥과 친구들 사이의 공통점도 있다. 첫째, 여호와는 인간이 측량 조차 할 수 없는 무한한 힘과 지혜를 소유한 분이다.(9:4-10; 11:5-8) 둘째, 인간은 불완전한 존재임으로 죄인일 수 밖에 없다는 것이며 고통의 문제는 당연하게 받아들여야 한다.(4:17-21; 15:14-16; 25:4-6; 9:2-3) 인간에게는 어떠한 소망도 기대할 수 없다.(14:1-2, 18-22) 하지만 이것이 욥의 특수한 상황에 적용될 때에 하나님에 대한 평가는 완전히 달라진다.

욥이 진실로 바라고 원하는 것은 무엇이었을까? 크게 보면 그는 "정의"를 원했다고 말할 수 있다. 즉 한 명의 인간으로 세계의 정의가 실현되는 것을 원했고 최소한 자신이 고통 받는 원인에 대한 답변을 얻기 원했다.(13:22-23; 31:35-36) 둘째, 그는 자신의 고통을 대변해 줄 수 있는 대속자를 찾았다.(19:25-26) 셋째, 하나님을 대면하여 자신의 행위를 하나님께 말하기를 바랬다.(13:15-19)

욥기 29-31장은 욥기의 구성에서 반전을 주는 부분이다. 욥은 이 장에서 과거의 상황에 대한 깊은 노스텔지어의 정서를 드러낸다. 그가 과거로 회귀하기 원하는 이유는 현재의 상황에 대한 깊은 불만족과 불신이 도사리고 있기 때문이다. 그의 과거의 모습은 그리 좋아 보이지 않으며 그는 위압적인 통치자의 모습으로 그려진다.(29장) 30장의 시작에서는 광야에 버려진 아이들로부터 당하는 모욕감으로 인하여 이들을 "내 양 떼를 지키는 개 중에도 둘 만하지 못한 자들"이라고 비난한다. 31장에서 자신의 무죄에 대한 항변을 늘어놓지만 이 진술들은 온전히 그가 무고하다고 생각하기 힘든 묘사들로 가득 차 있다. 물론 욥은 여전히 고통 중이며 친구들의 비난이 어떠하든 그는 1-2장에서 일어난 재앙에 대해서는 무고한 자임에 분명하다. 하지만 시간이 지날수록 드러나는 그의 죄악 된 본성은 그를 전통적인 경건한 자의 모델로 보는 것을 방해한다. 욥의 최후 변론에서 욥의 문제점은 40:8에서 여호와에 의해서 지적된다. "네가 내 공의를 부인하려느냐 네 의를 세우려고 나를 악하다 하겠느냐."

엘리후 연설(32-37장)은 한 젊은이의 참신한 논박으로 생각되나 그의 논쟁은 세 친구들의 의견을 요약한 그 이상의 새로운 것은 발견되지 않는다. 다만 다양한 방식으로 인간과 의사소통하는 하나님과(33:13-24) 훈육으로써 고통의 순기능에 대한 내용이 더 강화됨을 보여준다.(36:5-25)

8. 다이얼로그 2 (38:1-42:6): 여호와, 욥

여호와의 연설(38:1-42:6)에서 여호와와 욥의 직접적인 다이얼로그는 고통의 문제에 대한 수많은 질문들에 대한 대답을 제공하는가? 독자들의 기대와 달리 이 연설문은 정의와 고통에 대한 그 어떤 것에 대해 속시원한 해답을 주지 않는다. 대체로 수사적 질문의 형태로 구성된 이 연설문은 욥으로 하여금 어떤 답변을 하도록 유도하고 있다. 그 대답은 "모른다." "아무 곳에도 없었다." 혹은 "하나님"과 같이 정해진 대답만 가능케 한다.

먼저 폭풍우 속에서 욥에게 법적 공방을 예고하는 여호와는 다음과 같은 질문을 한다. "무지한 말로 생각(에짜)을 어둡게 하는 자가 누구냐."(38:2) "생각"으로 번역된 에짜는 실제로는 우주의 설계도면 혹은 프로젝트에 가깝다. 여호와의 질책의 핵심은 욥이 실제로 정의에 대한 논리적 관점을 가지고 신을 비판했으나 사실은 그의 개인적 정의는 무지한 것이며 이는 여호와가 운영하는 우주라는 거대한 건축물의 작동 원리와 도면을 흐릿하게 만드는 행위라는 것이다. 즉 여호와 편에서 우주적 블루프린트는 아무런 문제없이 작동되고 있다.

첫 번째 여호와의 연설은 우주의 설계도에 관한다.(38:1-40:2) 첫째, 38:4-38는 세계의 설계도에 대해 질문한다. 욥은 세계의 구조(38:4-21) 인 땅, 바다, 아침, 지하세계, 빛과 어두움 그리고 세계가 작동하게 만드는 요소들(38:22-38), 눈/우박/빛과 열, 비, 물(비, 이슬, 얼음, 서리), 별, 구름/비등에 대한 구체적인 지식과 통제할 힘을 가지고 않다. 오직 하나님만이 이를 가능케하며 구체적인 지식을 가지고 있다. 둘째, 야생 동물의 세계(38:39-39:30)에 대한 질문들이 이어진다. 사자와 까마귀, 산염소, 들나귀, 들소, 타조, 전쟁용 말, 매와 독수리가 나열되고 하나님은 이 동물들에게 신체 기능을 주었으며 그들을 돌보는 존재이다. 왜 야생동물인가? 이는 매우 중요한 질문이다. 욥기의 저자는 야생성이 강한 동물들을 제시함으로써 이들이 인간 세계와 완전히 분리되어 살아가는 독립적인 존재이며 인간이 길들이지 못하는 독립적인 존재라는 사실을 강조하고 싶어한다.(예. 들나귀, 들소; 39:5-12) 또한 이들이 살아가는 약육강

식은 인간의 관점에서 보면 불의한 것이나 이 세계에는 전혀 문제가 없는 현상이다.

첫 번째 여호와의 연설이 요약은 다음과 같다. 첫째, 여호와에게는 자연 세계의 운영 원리가 있으며 각각은 세밀한 통제 속에 있다. 둘째, 여호와에게는 통제할 힘과 자유로운 결정권이 있다. 셋째, 세상을 통치하는 방식은 다양하다. 넷째, 신적 통치 속에서 인간이 말하는 불의는 존재하지 않는다. 다섯째, 여호와의 연설에는 인간에 대한 관심이 거의 없다.(예외. 38:15, 23) 여섯째, 인간은 우주적 통치 원리에 대해서 무지하다.

여호와의 두 번째 연설에는 베헤못과 리워야단이라는 신화적 동물이 출현한다. 이 동물들을 등장시키는 수사적 목표는 무엇일까? 우선 이 동물들의 아름다움은 여호와의 자랑거리이며 기쁨의 근원이 된다.(40:15; 41:12, 33-34) 인간에 대한 창조와 이 동물들에 대한 창조는 크게 다르지 않다.(40:15) 더 근원적으로 이 괴물들에 대한 상세한 묘사는 인간이 이 동물들을 다루거나 거래하거나 유희의 대상으로 만들거나 거래를 할 수 없다는 사실이다. "어찌 그것이 너와 계약을 맺고 너는 그를 영원히 종으로 삼겠느냐."(41:4) 이와 같은 질문은 사실 여호와 자신을 향하고 있다. 만약 인간이 신적 창조물인 이 괴수들을 대상화하고 거래의 대상으로 여길 수 없다면, 인간은 여호와를 대상화하지 못하며 거래할 수 없다는 것이다.(41:9-11) 리워야단은 완전히 다른 세계에서 왕처럼 살아가며 공포의 대상이기에 그에게 다가가는 것 자체가 어리석은 행위이다. 리워야단의 미적 아름다움은 이 동물들이 "예배"와 "숭배"의 대상임을 말한다.(41:12-32) 즉 여호와는 정의와 불의에 대한 논쟁의 대상이 아니라 경배의 대상이다.(41:33-34)

욥의 반응(40:3-5; 42:1-6)은 일반적으로 회개로 이해되었다. 그러나 욥의 반응에서 회개라 생각할 수 있는 단서는 존재하지 않는다. 욥은 비천한 자임을 다시 한번 확인할 뿐이었고, 이에 대한 반응은 저항과도 같은 "침묵"이었다.(40:4-5) 두 번 응답은 신적 자유에 대한 자신의 고백을 반복하고(42:2; 23:13-14), 여호와의 "에짜"에 대한 말을 인용하며(42:3; 38:2), 여호와의 말을 들었다고(42:5) 말한다. 마지막 6절의 진술에서 자신의 고소를 포기하고 스스로를 거부하고/굴복하고(에미쓰; 므아쓰의 칼 일인칭), 티끌과 재 가운데에서 스스로 "위로를 받아들인다"(니함티; 니함의 니팔 일인칭) 니함이라는 동사는 회개하다, 격려하다, 위로를 받아들인다의 의미를 가지지만, 어떠한 죄를 저지르지 않은 욥은(최소한 1-2장에서) 회개할 이유가 없다. 오히려 그의 엄청난 상실과 육체와 정신의 고통에 대해 여호와의 위로를 받아 들이는 것으로 보는 것이 자연스럽다. 아마도 어떤 면에서 욥은 굴복하여 스스로 위로 받아야 하는, 먼지같은 존재라는 것에 대한 자조적 어조가 뒤섞여 있는지도 모른다.

9. 에필로그 (42:7-17)

욥기의 마지막은 다시 이야기체로 전환된다. 욥은 중보자처럼 친구들을 위해 기도하고 제사를 드리는 제사장처럼 등장하며, 여호와는 친구들이 틀렸으며 오직 욥의 말들이 옳았다고 2번 반복하여 말씀하면서 여호와께서 욥을 기쁘게 받았다는 말로 마무리된다.(42:9) 그의 모든 곤경이 회복되고 그의 소유는 이전의 갑절이 되고(42:10) 더 많은 복을 받았으며 아들7명과 딸 3명이 생겼다고 말한다. 그의 형제 자매들과 지인들은 음식을 나누고 함께 슬퍼하고 위로하면서 일상으로 돌아가는 모습이 그려진다.

16절은 마치 족장들의 마지막 모습을 연상케 하며 욥은 장수하고 죽음을 맞이하는 모습이 그려진다.

욥기의 저자는 과연 이러한 해피엔딩을 의도한 것일까? 이 엔딩은 그의 육체의 질병에 대한 회복을 말하지 않았다. 종들의 죽음, 열명의 자녀들의 죽음으로 인한 욥의 극심한 고통의 흔적은 사라지지 않았을 것이다. 더욱이 무고한 자의 고통스런 울부짖음에 대한 해명과 부러진 정의에 대한 응답은 해소되지 않았다.

10. 신학적 함의

첫째, 욥기는 무고한 자의 고통이라는 주제를 신적 정의와 충돌하여 현실 속 재앙의 문제를 정면으로 다룬다. 정답은 없다. 단지 고민의 흔적만이 남아있을 뿐이다. 여호와의 연설은 그런 면에서 하나의 정답을 제공하지만, 욥처럼 이유가 없는 폭력을 경험한 이들에게는 논리적인 답은 주지 못한다. 따라서 고난 받는 자들은 결국 밝은 미래가 있다는 식의 해석은 오류가 있는 해석이 될 수 밖에 없다. 욥이 부르짖는 고통의 목소리는 여전히 다층적으로 공명되어야 한다. 그리고 이 고통의 배후에는 하나님의 흔적이 있다는 것이 욥의 고백을 통해 지속적으로 증명되어진다. 그의 가장 깊은 고통의 원인은 바로 여호와가 자신을 버렸다는 사실이다.

둘째, 욥이 질문하는 재앙과 고통의 문제는 구약성경 이사야 40-55장에서 해답을 찾을지 모른다. 여러 면에서 욥기는 포로기의 정황과 맞닿아 있다. 두 책은 신정론, 고난 받는 종, 창조, 일신론이라는 4개의 주제로 함께 묶여있다. 이 주제들은 모두 다른 방식으로 질문과 답변이 주어진다. 이 두 책에서 여호와는 거대한 우주의 통치자로 그의 주권적 힘을 드러내고 인간을 구원할 자유를 가진 존재로 그려진다.(욥 9:8; 사 44:24) 이스라엘 공동체는 구원받을 수 없는 상태이나 여호와는 그들의 해방을 선언한다.(사 40:21-31; 42:23-25; 43:1-5; 43:6, 8-13) 여호와는 이방 나라들과 그들의 통치자를 통제하나(40:12-27) 열방은 아무것도 아닌 존재이며 우상들과 세상 어떤 것도 여호와와 비교할 수 없다.(40:18-20) 이는 길들여지지 않는 야생동물들과 리워야단에 대한 존재와 오버랩된다. 여호와는 인간과 언약을 맺는 존재가 아니라 초월적이며 공포의 왕이며 자율적 존재이다. 한 마디로 이사야와 욥기의 여호와는 길들여지지 않으며 독립적 존재이다. 이와 같은 여호와에 대한 인식은 전통적인 율법 체계의 신명기적 역사관과 대비된다. 즉 여호와의 행동 방식은 이제 예측하는 것이 불가능하나 오직 그는 자신의 이름을 위하여 자신의 영광을 위하여 행동하실 것이다.(사 48:9-11) 그는 자신의 뜻을 바벨론에게 행할 것이며 (48:14) 그는 이방인들의 빛으로 서게 될 것이다.(51:4-8) 욥과 이스라엘은 모두 "이유없이"(히남; 욥 2:3; 사 52:5) 사로잡힘을 당했으나, 그들은 어떠한 목적을 위하여 고통을 받고 있으며 이제 그들은 여호와의 목적을 성취하는 존재로 세움을 받게 될 것이다.

무고한 고난을 받는 여호와의 종이라는 욥의 이미지는 이사야 52:13-53:12의 여호와의 고난 받는 종, 이스라엘과 연결된다. 물론 욥과 이스라엘은 완전히 일치하지 않는다. 이사야의 고난 받는 종은 철저히 타인의 허물과 죄악으로 인한 것이며 그의 고난은 명백한 목적을 가지고 있다. 그래도 포로기의 배경을 가진 두 책이 모두 이스라엘이라는 공동체의 모습을 상징적으로 드러낸다고 보는 것은 큰 무리가 없다.

셋째, 욥은 예수 그리스도를 상징적으로 나타내는가? 욥은 그리스도가 아니다. 그럼에도 욥의 모습은 그리스도의 고난에 대한 많은 것을 증거한다. 바르트가 말했듯이 그는 "예수 그리스도의 한 전형이라고, 진실한 증인의 한 증인이라고 말할 수 있다"(24)

제10강 전도서: 헤벨의 세상에서 살아가기

1. 전도서와 코헬렛

전도서는 지혜문학에서 가장 후기에 저술된 것으로 3세기 중반의 프톨레마이오스의 영향력 아래에 있던 헬라시대로 추정된다. 저자는 "회중의 연설자"로 풀이되는 "코헬렛"(1:1, 2)이며 솔로몬 저작설은 최근에는 거의 받아들여지지 않고 있다. 코헬렛이 어떤 인물인지에 대한 정확한 정보는 없으나 그의 진술을 미루어 보면 죽음을 목전에 둔 한 부유하고 경건한 유대인으로 상당한 철학 지식을 가진 현자였을 것이며 성공한 사업가로 보인다.

전도서는 액자식 구성하에서 코헬렛의 모음집을 나열한다. 이때 책의 저자, 코헬렛의 말들에 대한 삼인칭 관찰자로써 편집자, 일인칭 코헬렛 등 각각 세 부분으로 나뉠 수 있다. 물론 저자, 편집자, 코헬렛을 한 명의 사람으로 보면서 저자가 이 모든 것을 가상의 인물인 코헬렛을 통해 서술했다고 볼 수도 있다. 그러나 편집자(1:2; 7:27; 12:8, 9–14)의 생각이 코헬렛과 일치하는 것이 아님은 분명하고 마지막 에필로그 부분에서 그는 코헬렛의 말들을 어떤 방식으로든 평가하려 한다.

지혜문학에서 코헬렛은 종말론적 시간의 개념을 가지고 있는 듯하나 코헬렛에게 이 시간은 신적으로 이미 결정된 시간일 뿐이다.(3:1–15) 결정된 미래에 대한 관념은 다니엘과 같은 묵시적 개념과 궤를 같이하지만, 코헬렛은 인간 스스로가 미래를 예측 가능하다고 생각하는 것이야 말로 어리석은 것이라고 조롱한다.

2. 헤벨의 세상

"헛됨"(vanity)로 번역된 헤벨은 정확한 번역이 아니다. 수증기, 안개와 같은 물질적 단어들이 헤벨에 더 가깝다. 헤벨의 추상적 뜻은 "일시적임", "아무것도 아님", "사기", "덧없음", "어리석음", "허무함", "의미 없음", "이해불가", "우상" 등과 같은 함의들을 가지지만, 코헬렛의 문맥에서는 헤벨 그 자체를 대체할 단어를 찾기는 힘들다. 이 단어가 코헬렛에서는 "부조리/불합리" 혹은 "상호모순"의 의미로 사용되기 때문이다. 즉 두 개의 모순되는 진술을 나열한 다음에 헤벨이라는 선언을 함으로써, 거짓된 허상을 깨뜨리고 어떠한 가치를 좇아야 하는지를 말한다. 예를 들어 8:14에서 코헬렛은 악인들의 악행으로 인하여 의인들이 벌을 받고 의인들의 선행으로 악인들이 보상을 받는 모순된 상황을 인식하고 헤벨을 선언한다.(8:14) 헤벨의 영역을 해석하는 중요한 것은 "모순"이며 이 모순의 긴장관계 속에서 현재를 즐거움으로 받아들이라는 명령을 하게 된다.

코헬렛은 삶의 많은 경험들과 인간 활동들을 평가하고 인간에게 어떠한 "이트론"(유익)을 제공하는지의 관점을 가지고 관찰한다. 이때 그가 헤벨을 선언하면서 자주 사용하는 표현은 "바람을 잡으려는 것"(레웃 루아흐; 1:2,)

(14; 2:1, 11, 17, 26; 4:4, 6; 6:9)이다. 코헬렛은 모든 노동과 존재(1:2, 14; 12:8), 쾌락(2:1), 성취(2:11), 지혜(2:17), 삶의 몫(2:19), 지혜/지식/희락(2:26), 인간존재(3:19), 말과 꿈(5:16; 6:11), 젊음(11:9-10)이 모두 헤벨의 영역에 있다고 말한다.

3. 문학적 구성

아래는 전도서 전체 구성이다.[56)

편집자의 소개: 표제 (Superscription) (1:1)

1. 프롤로그 (1:2-11)

　A. 전체 괄호 (Inclusion) (1:2; 참조. 12:8)

　B. 도입시 (1:3-11)

2. 파트 I (1:12-6:9):

　A. 개요(1:12-18)

　B. 기쁨에 관한 실험(2:1-11)

　C. 지혜의 이익은 무엇인가?(2:12-17; 참고. 1:17-18)

　D. (성공자의 입장) 수고는 헛되다.(2:18-23)

　E. 시간과 수고(3:1-4:6)

　　i. 시간에 대한 고찰(3:1-8)

　　ii. 인간의 수고와 신적 행동에 대한 성찰(3:9-15)

　　iii. 심판에 대한 고찰(3:16-22)

　　iv. 학대와 수고로움(4:1-6)

　F. "둘" (Two)에 대한 고찰 (4:7-16)

　　i. 홀로 일하는 자의 손실(4:7-12)

　　ii. 왕위 계승과 관련된 예화(4:13-16)

　G. 서원, 만족, 탐욕, 기쁨 (5:1[MT 4:17]-6:9) [5장에서 한글 번역은 MT보다

　　한 절 앞서감]

　　i. 서원의 유의점 (5:1-5:7)

---

56) 다음을 참고하라. 권지성, 『특강 전도서』; James A. Loader, *Polar Structures in the Book of Qohelet*, BZAW 152 (Berlin: De Gruyter, 1979); Ecclesiastes, Text and Interpretation (Grand Rapids: Eerdmans, 1986); Addison G. Wright, "The Riddle of the Sphinx: The Structure of the Book of Qoheleth," *The Riddle 30* (1968): 313-34; "The Riddle of the Sphinx Revisited: Numerical Patterns in the Book of Qoheleth," CBQ 42.1 (1980): 38-51.

　　1. 왕의 통치의 예측불가 (8:1-4)

　　2. 신적 통치의 예측불가 (8:5-8)

　　3. 정의와 불의의 모순들 (8:9-15)

　　4. 인간 무지 (8:16-17)

C. 파트 IIb (9:1-11:6): 알 수 없음

　i. 인생의 몫 (헬렉) (9:1-12)

　　1. 개인의 몫에 대한 고찰(9:1-6)

　　2. 삶의 즐거움에 관한 결론(9:7-10)

　　3. 인간에게 임하게 될 악한 시간에 대한 관찰(9:11-12)

　ii. 예화, 격언, 고찰(9:13-10:15)

　　1. 예화: 지혜와 지혜자를 아는 것에 실패(9:13-17)

　　2. 지혜를 무시하는 작은 것들에 대한 격언(9:18-10:1)

　　3. 우매자와 주권자에 관한 격언들(10:2-4)

　　4. 질서의 붕괴에 대한 고찰(10:5-7)

　　5. 격언들: 돌발적인 일들(10:8-11), 우매자(10:12-14a), 무지(10:14b-15)

　iii. 격언들(10:16-11:2)(10:16-17, 18, 19, 20; 11:1-2)

　iv. 삶의 불확실성(11:3-6)

　　1. 두 가지 격언(11:3-4)

　　2. 연설(11:5)

　　3. 명령(11:6)

4. 에필로그 (11:7-12:8)

　A. 젊음과 노년에 관한 시 (11:7-12:7)

　B. 전체 괄호 (12:8; 참조. 1:2)

편집자의 코헬렛에 대한 평가 (12:9-14)

4. 코헬렛의 주제

코헬렛의 주제는 다양하다. 첫째, 코헬렛은 모순된 삶의 궤적 속에서 하나로 수렴되는 명령을 내린다. 이는 신적 선물의 궁극이며 모든 선함의 최종적 가치로써, 즐거움을 말한다.(3:12-13) 그러나 여기서 자기 발생적인 쾌락 그 자체와는 구분되어야 한다.(예. 2:3) 둘째, 삶의 몫이나 보상(헬렉)이다.(2:10-11, 21; 3:22; 5:18; 9:9) 하나님이 삶의 몫으로써 주시는 것들을 누리는 문제는 코헬렛에게 최우선의 과제이다. 셋째, 일과 노동(아말; 1:3; 2:10, 18-19, 21-22, 24; 3:13; 4:8-9; 5:15, 18-19; 8:15; 9:9)의 추구는 어떠한 삶의 유익을 제공하는지 묻는다. 넷째, 부와 가난(9:11; 5:18; 6:2)의 문제 속에서 무엇을 우리는 무엇을 배울 수 있는지 묻는다. 다섯째, 지혜가 삶에서 유용성을 제공하는지의 여부이다.(1:18; 4:5; 10:1) 여섯째, 권력과 통치(4:13-16; 9:13-16)가 왜 문제가 되는지 묻는다.

이와 같은 주제들 속에서 코헬렛이 궁극적으로 말하고자 하는 주제는 무엇일까? 코헬렛은 단순히 지혜 추구, 율법에 대한 순종, 삶의 헛됨을 통한 염세주의를 말하려는 것이 아니다. 그는 헤벨 속에서 모든 것들이 떨어지고 사라지는 세상에서 허망한 그림자를 좇으며 삶의 본질을 보지 못하는 이들이 삶의 가치를 이해하기를 바란다. 거기에는 삶의 모순 속에서도 거대한 시간의 흐름 속에서 모든 것을 주도하는 창조주 하나님이 있다.(3:1-15) 하나님은 그가 추구해 왔던 것을 현재에도 미래에도 추구할 뿐이며 인간의 노동에 이익이 없는 이유는 그 시간을 통제하는 이가 있기 때문이다.(3:9) 코헬렛은 "구부러진 것은 곧게 할 수 없으며" 삶은 "부족한 것을 온전히 채울 수 없다"는 진리를 깨달았다.(1:15) 인간에게 일어나는 재난은 모두에게 임하며 그것을 막을 수 있는 자는 없기에 아무리 위대한 운동선수, 용사, 지혜자, 명철자, 지식인이라도 시간을 제어하는 것은 불가능하다. 코헬렛이 발견한 것은 그가 아무리 지혜를 알려 하더라도 밤낮 그것을 추구하더라도 하나님이 하실 일을 알아낼 수 없다는 사실이다.(8:17) 의인들이든 지혜자들이든 그 모두는 하나님의 손 안에 붙들려 있으며 미래에 어떤 일이 일어날지 알 수 없다.(9:1-2) 따라서 코헬렛이 보기에 보상 체계는 개인의 수고와 업적에 따라 배분되지 않으며, 지혜가 아무리 위대하다 한들 인간의 미래를 예측할 수는 없다. 과도한 노동은 인간을 다치게 만들며 빈부의 역전도 권력의 세습만큼이나 세상을 어지럽히며 무상한 것일 뿐이다. 해 아래의 모든 것들의 미래를 인간이 예측할 수 없다는 것은 결국 인간의 모든 것들이 하나님께 종속되었다는 사실이다.

5. 코헬렛의 신학 vs 편집자의 신학

코헬렛의 모음집이 종료되고 편집자는 이에 대해 평가를 시작한다. 12장 9-11절은 지혜자의 백성들에 대한 가르침과 그의 연구와 작업 그리고 그의 말에 담긴 진정성에 대해서 평가한다. 드디어 그의 말씀들은 옛 스승들의 말씀들과 같이 채찍과 못처럼 옳은 길로 가도록 독려했는지를 알려준다. 12:12은 앞선 긍정적 평가와 대비되는 부정적 평가가 이어진다. 코헬렛의 말씀들에서 경계를 받아야 하며 책 만드는 작업과 과도한 공부에 대한 비판적 견해를 피력한다. 13-14절에서 편집자는 최종적인 결론으로써 "하나님 경외"와 "명령들"에 대한 준수가 인간의 본분이라고 말하면서 하나님이 모든 것들을 심판하실것이라고 확언한다. 이와 같은 편집자의 결론은 코헬렛의 기본적인 생각과 다소 다르게 보인다. 코헬렛은 여호와 경외(5:7)를 말하였지만, 그는 이를 명령의 준수와 연결시킨 것이 아니라 여호와의 절대적 초월성에 대한 강조와 함께 서원의 위험성에 대한 경고로써 말했을 뿐이다. 코헬렛에게 신적 심판은 학대의 현실(4:1-2) 속에서 실현되기 힘든 것이며, 하나님의 심판은 도덕적 행위에 대한 심판이 아니라 인간이 얼마나 기쁨의 삶을 살았는가에 대한 심판을 말한다.(11:9) 따라서 편집자의 신학은 코헬렛의 신학과 대비된다.

6. 신학적 함의

첫째, 코헬렛은 이 땅의 삶이 극도로 부조리하다고 말한다. 권력은 부패하여 사법적 정의는 실현되지 않으며 소외된 자를 보호해 주어야 할 권력자는 학대를 자행한다.(3:16; 4:1-2) 다스리는 자들은 높은 자가 아래 사람을 봐주는 계층 구조를 가지고 학대를 자행하며, 땅은 온전한 기능을 상실했다.(5:8-9) 아무리 지혜로운 자가 출현하더라도 대중들은 또 다른 권력을 추종한다.(4:13-16) 또한 위대한 지혜자가 한 국가를 구원한다 할지라도 그가 가난한 자라면 그가 행한 일은 대중들의 망각 속에 상실된다.(9:14-16) 코헬렛은 악인들과 선인들에 대한 심판이 이뤄지지 않으며 오히려 이 관계가 역전되었으며 그 속에 도사린 모순을 고발한다.(8:9-14) 이러한 코헬렛의 시각은 3세기 중반의 변화되어가는 권력 구조와 억압받는 백성들의 삶을 반영한다. 코헬렛이 보기에 이러한 부조리한 상황은 반복되어져 왔던 것이며 전혀 새로울 것이 없다.(1:4-11)

둘째, 코헬렛은 미래에 대한 불확실성을 지적한다. 이 불확실성에 대한 진술은 파트 II(7:1-11:6)에서 드러나며, "발견할 수 없다"는 것과 "알 수 없다"는 두 진술 속에서 강조된다. 인간은 "강한 자"와는 다툴 수 없으며 선함이 무엇인지 무슨 일이 있을 지 예측할 수 없다.(6:10-12) 제 아무리 지혜로워서 미래를 알 수 있다 하더라도 인간의 마음 속에 있는 죄악을 이기지 못한다.(7:19-22) 인간이 아무리 스스로를 지혜가 있다고 생각하더라도 그 지혜를 얻을 수는 없다.(7:23-8:1) 바람을 예측할 수 없고 바람을 움직일 수 없는 것처럼 인간은 죽는 날과 전쟁을 피하거나 도시를 구원할 방법이 없다.(8:5-8) 인간의 미래에 그가 하나님의 사랑을 받을지 미움을 받을지 알 수 없기에 의인과 악인이 모두 동일한 운명에 떨어져 있을 뿐이다.(9:1-2)

셋째, 코헬렛은 하나님이 주신 신적 기쁨을 누리는 것만이 최상의 삶을 살아갈 수 있는 유일한 것이라 말한다.(5:18-6) 하나님이 부여한 자원들을 활용하여 그것을 즐거움으로 누리는 능력이 없다면 아무리 부족함 없이 모든 것을 소유했다 하더라도 악한 인생일 수 밖에 없다.(5:19)

넷째, 피조 세계가 모두 헤벨에 종속되었다는 코헬렛의 부정적 신학관은 바울의 신학에서 답변을 찾을 수 있다. 로마서 8:20-21은 피조물이 마타이오테스(헤벨의 헬라어) 속에 굴복되어 있는 것은 하나님으로 인한 것으로 이 피조물들은 현재의 고통 속에서 결국 자유케 될 것이며 "하나님의 자녀들의 영광의 자유"에 이를 것임을 선언한다.

참고문헌

아바디 필리페. "에즈라-느헤미야기." pp 216-30 『구약성경 입문 2』. 김
　　건태 역. 수가대 신학총서 03-1. 화성시: 수원가톨릭대학교출판부,
　　2019.

------. "역대기 상하권." pp 231-45 『구약성경 입문 2』. 김건태 역.
　　수가대 신학총서 03-1. 화성시: 수원가톨릭대학교출판부, 2019.

Bakon, Shimon. "Two Hymns to Wisdom: Proverbs 8 and Job 28." *JBQ 36*
　　(2008): 222-30.

Clifford, Richard J. *Proverbs*: *A Commentary*. OTL. Louisville: Westmin-
　　ster John Knox, 1999.

Cogan, Mordechai. *I Kings*: *A New Translation with Introduction and Com-
　　mentary*. AB 10. New York: Doubleday, 2001.

Crenshaw, James L. "Method in Determining Wisdom Influence upon 'His-
　　torical' Literature." pp 481-94 in *Studies in Ancient Israelite Wisdom*.
　　Edited by James L. Crenshaw. LBS. New York: Ktav, 1976.

Gertz, Jan C. "The Partial Compositions." pp 293-382 in T&T Clark Hand-
　　book of the Old Testament: An Introduction to the Literature, Religion
　　and History of the Old Testament. London: T&T Clark, 2012.

Gunkel, Hermann. *The Psalms*: *A Form-Critical Introduction*. Philadel-
　　phia: Fortress Press, 1967.

J. Merrick, and R. Albert Mohler. *Five Views on Biblical Inerrancy*. Coun-
　　terpoints. Bible & Theology. Grand Rapids, Mich: Zondervan, 2013.

Knauf, Ernst A. "열왕기 상하권." pp 549-63 『구약성경 입문 1』. 김건태
　　역. 수가대 신학총서 03-1. 화성시: 수원가톨릭대학교출판부, 2019.

Krüger, Thomas. "Did Job Repent?" pp 217-29 in Das Buch Hiob Und
　　Seine Interpretationen: Beiträge Zum Hiob-Symposium Auf Dem
　　Monte Verità Vom 14.-19. August 2005. Edited by Thomas Krüger,
　　Manfred Oeming, Konrad Schmid, and Christoph Uehlinger. ATANT

88. Zürich: TVZ, 2007.

권지성. '우리가 욥기에 대해 오해하는 것').'「묵상과 설교」(11-12월) 서울:성서유니온, 2023.

------. "Irony in Job's Use of Psalms." pp 114-31 in Between Subversion and Innovation: Irony in the Hebrew Bible and the New Testament. Edited by Tobias Häner, Virginia Miller, and Carolyn J. Sharp. Leiden; Boston: Brill, 2023.

------. "Meanings of Korean 'Minjung' (People) in Change: Based on Job's Characters in Job 30." Oxford Handbook of the Bible in Korea. Edited by Won Lee. Oxford University Press, 2021.

------.『특강 욥기』서울, 한국:IVP, 2019

------.『특강 잠언』서울, 한국:IVP, 2023.

------.『특강 전도서』서울, 한국:IVP, 2021.

Lo, Alison. *Job 28 as Rhetoric: An Analysis of Job 28 in the Context of Job 22-31*. VTSup 97. Leiden: Brill, 2003.

Loader, James A. *Ecclesiastes. Text and Interpretation*. Grand Rapids: Eerdmans, 1986.

------. *Polar Structures in the Book of Qohelet*. BZAW 152. Berlin: De Gruyter, 1979.

Macchi, Jean-Daniel. "에스테르기." pp 216-30『구약성경 입문 2』. 김건태 역. 수가대 신학총서 03-1. 화성시: 수원가톨릭대학교출판부, 2019.

Magdalene, F. Rachel. *On the Scales of Righteousness Neo-Babylonian Trial Law and the Book of Job*. BJS 348. Providence: Brown Judaic Studies, 2007.

McCarter, Jr. P. Kyle. II Samuel. 1st ed. NY: Anchor Bible, 1984.

Newell, B. Lynne. "Job: Repentant or Rebellious." WTJ 46.2 (1984): pp 298-316.

Noth, Martin. *Überlieferungsgeschichtliche Studien*. Halle (Saale: M. Niemeyer, 1943.

Provan, Iain. *1 and 2 Kings*, Understanding the Bible commentary

Series(Grandrapid: Baker, 2012)

Römer, Thomas. *The So-Called Deuteronomistic History*: *A Sociological, Historical and Literary Introduction*. London: T&T Clark, 2005.

――――――. "여호수아기." pp 470-89 in 『구약성경 입문 1』. 김건태 역. 수가대 신학총서 03-1. 화성시: 수원가톨릭대학교출판부, 2019.

Sasson, Jack M. Judges 1-12: A New Translation with Introduction and Commentary. AB 6D. New Haven: Yale University Press, 2014.

사이볼트 클라우스, 이군호. 『시편입문』. 서울: 대한기독교서회, 1995.

토마스 뢰머 외. 『구약성경 입문 2』. 김건태 역. 수가대 신학총서 03-1. 화성시: 수원가톨릭대학교출판부, 2019.

Waltke, Bruce K. *The Book of Proverbs*: Chapters 1-15. NICOT. Grand Rapids: Eerdmans, 2004.

Webb, Barry G. *The Book of the Judges*: An Integrated Reading. Eugene, Oregon: Wipf & Stock Publishers, 2008.

Weeks, Stuart. *An Introduction to the Study of Wisdom Literature*. London: T&T Clark, 2010.

Whybray, Roger N. *Reading the Psalms as a Book*. JSOTSup 222. Sheffield: Sheffield Academic Press, 1996.

――――――. *The Intellectual Tradition in the Old Testament*. BZAW 135. Berlin: De Gruyter, 1974.

――――――. "The Wisdom Psalms." pp 152-60 in *Wisdom in Ancient Israel*. Edited by John Day, Robert P. Gordon, and Hugh G. M. Williamson. Cambridge: Cambridge University Press, 1995.

Williamson, Hugh G. M. *Ezra and Nehemiah*. Sheffield: JSOT Press, 1987.

――――――. *Ezra, Nehemiah*. WBC 16. Waco Texas: Word Books, 1985.

Wilson, Gerald H. *The Editing of the Hebrew Psalter*. Dissertation Series / Society of Biblical Literature. Chico: Scholars Press, 1985.

Witte, Markus. "The Book of Proverbs." pp 569-85 in T&T Clark Handbook of the Old Testament: An Introduction to the Literature, Religion and History of the Old Testament. London: T&T Clark, 2012.

------. "The Psalter." pp 527-49 in T&T Clark Handbook of the Old Testament: An Introduction to the Literature, Religion and History of the Old Testament. London: T&T Clark, 2012.

Wright, Addison G. "The Riddle of the Sphinx Revisited: Numerical Patterns in the Book of Qoheleth." *CBQ* 42.1 (1980): 38-51.

------. "The Riddle of the Sphinx: The Structure of the Book of Qoheleth." *The Riddle 30* (1968): 313-34.

브루그만 월터, 토드 리나펠트. 『구약개론』. 김은호, 홍국평 역. 서울: CLC, 2014.

앤더슨 버나드. 『구약성서 탐구』. 김성천 역. 서울: CLC, 2017.

구야의 숲
구야의 숲
구야의 숲
구야의 숲
구야의 숲
구야의 숲
구야의 숲
구야의 숲
구야의 숲
구야의 숲
구야의 숲
구야의 숲
구야의 숲
구야의 숲
구야의 숲
구야의 숲
구야의 숲
구야의 숲
구야의 숲
구야의 숲
구야의 숲